Sandra Cammann

Chakra-Weisheitskarten

- BEGLEITBUCH -

49 heilsame Affirmationen
zur Stärkung
deiner Energiezentren

WINDPFERD

1. Auflage 2021

Illustrationen: Godlint Blümle
Umschlaggestaltung:
Jennifer Jünemann www.bitdifferent.de
Lektorat: Textstudio Eva Wagner
Layout und Satz: Marx Grafik & ArtWork
Druck: Westermann Druck Zwickau GmbH

Printed in Germany
ISBN 978-3-86410-309-4
www.windpferd.de

Inhalt

Ich widme dieses Buch meiner Mutter.
Ihre Liebe und Unterstützung bei allem,
was ich im Leben tue,
erfüllt mich mit unermesslichem Reichtum und Glück.
Als Wertschätzung und Dank
ist es mir ein Herzenswunsch,
ihre Kunst in die Welt zu tragen.
Mögen die wundervollen Chakra-Motive
auch dein Herz so stark berühren wie meins!

Weisheiten deiner Seele

Wusstest du schon, dass sich alle sieben Jahre im Leben eines Menschen ein Chakra ausbildet? Und dass die Zahl 7 deswegen für Transformation steht? In der 7 stecken die 3 des Himmels – des Göttlichen – und die 4 der Erde. Sowohl das Geistige wie auch das Weltliche möchten vereint werden. Du bekommst heute von mir 7 x 7 Weisheitskarten an die Hand, die dir helfen werden, in deine volle Kraft zu kommen, um ein glückliches und erfülltes Leben zu führen. Damit kannst du Blockaden in deinen Energiezentren lösen oder einfach eine Karte ziehen, um den Tag mit Fülle und Reichtum zu beginnen.

Weisheiten deiner Seele können viele Probleme unserer Welt lösen. Sie bringen dich im Leben voran, weil sie dir Klarheit schenken, wie du den Schwierigkeiten und Aufgaben im Alltag begegnen kannst. Dein Geist hat diese besondere Gabe, Weisheiten zu empfangen, wenn Glaubenssätze, Gelübde und Affirmationen neu strukturiert werden und die Energie in den Chakren fließt. Das alles hat eine gewaltige Kraft. Du brauchst Weisheit, um im Leben voranzukommen.

Betrachte das Leben durch eine Brille von wertvollen und positiven Affirmationen, die dir einen Rahmen und Sicherheit geben. Sie bewahren dich davor, unbewusst zu handeln. Wenn du Affirmationen in dein Leben holst, wirst du deine Lebensenergie so kanalisieren und verstärken, dass du mit großer Wahrscheinlichkeit nachhaltig Gutes erreichst. Affirmationen geben deine Richtung vor. Es ist jedoch ein Trainingsprozess. Dein Geist ist wie ein Muskel – er möchte jeden Tag trainiert werden, damit er nicht verkümmert ...

Und nun wünsche ich dir viel Freude mit diesem Buch und den Chakra-Weisheitskarten.

Herzlichst,

Sandra Cammann

Wie du mit den Karten arbeiten kannst

Mit Weisheitskarten kannst du einen Blick in die Zukunft oder die Gegenwart werfen. Du kannst schauen, welches Chakra einen Entwicklungsschub braucht, oder einfach nur eine Affirmation für einen wundervollen Tag ziehen. Weisheitskarten können deine beste Freundin sein, wenn du dich einsam fühlst, oder ein wichtiger Berater, wenn du an einem Scheideweg stehst. Dieses kleine Handbuch wird dir zusammen mit deiner Intuition helfen, die Antworten auf deine Fragen zu verstehen. Natürlich sind alle Affirmationen positiv formuliert, um deine Transformation voranzubringen. Lass besonders die Bilder auf dich wirken. Folge deiner Intuition und nimm dir Zeit, um innerlich still zu werden. Atme dabei tief ein und aus, um wieder bei dir selbst anzukommen. Jeder Atemzug verbindet dich mit deinem Herzen.

Misch die Karten und breite sie vor dir aus, oder zieh je nach Tagesform eine Karte mit der linken Hand! Stell dir innerlich eine Frage: Was könnte dir in diesem Moment helfen?

Die Affirmation, die du liest, ist immer die passende für deine jetzige Situation!

Lass jedes Kartenbild intuitiv auf dich wirken. Symbole und Zeichnungen sind im Detail manchmal hilfreich, um zu erkennen, worum es eigentlich geht. Deine eigene Interpretation ist wichtig. Sie kommt von ganz allein – vertrau darauf! Wohin zieht dich dein Blick auf dem Bild? Was entspringt plötzlich deiner Fantasie? Welche Bilder laufen vor deinem inneren Auge ab, wenn du diese Karte betrachtest? All das ist wichtig für die Deutung mit den Karten. Folge diesem Impuls. Schreib deine Gedanken dazu in ein Notizheft. Du wirst staunen, was du im Rückblick erfährst, wenn du ein paar Tage, Wochen oder Monate später in deinen Notizen liest.

Die Bedeutung deiner Chakra-Karte

Gründe für Blockaden in deinem Chakra sind oft negative Glaubenssätze. Deshalb kannst du mit positiven Affirmationen die Energie wieder zum Fließen bringen.

Wurzelchakra

(Muladhara-Chakra)

Deine Wurzeln bilden sich aus, wenn du noch ganz klein bist. Körperlich versorgt das Wurzelchakra deine Knochen, die Wirbelsäule und die Zähne. Anatomisch liegt es im Bereich des Beckenbodens auf Steißbeinhöhe zwischen Damm und Anus. Wenn dein Wurzelchakra im Energiefluss ist, hast du viel Lebenskraft, Urvertrauen, Ausdauer und Durchhaltevermögen. Die grundlegenden Überlebensbedürfnisse des Menschen werden diesem Energiezentrum zugeordnet.

Da sich das Wurzelchakra als erstes Energiezentrum im Leben ausbildet, geht es thematisch darum, Ja zum Leben zu sagen. Hast du schon mal mit deinem inneren Kind gespielt oder dich in Gedanken selbst in den Arm genommen? Urvertrauen, Sicherheit und Geborgenheit sind wichtige Gefühle, die aus einem gesunden Wurzelchakra entstehen.

Du fühlst dich mit der Erde verbunden, hast Selbstvertrauen und ein gesundes Verhältnis zu materiellen Dingen.

So kannst du dein Wurzelchakra stärken:

Beweg dich an der frischen Luft und lauf barfuß, so oft es geht. Massier deine Füße und beweg dich rhythmisch zu schöner Musik. Trag rote Kleidung oder kauf dir rote Blumen und rote Accessoires. Vertrau dem Leben und fühl dich wohl in deinem Körper! Ätherische Düfte von Nelke, Rosmarin, Ingwer und Zeder erden dich.

Deine Wurzelchakra-Karte möchte dir Folgendes mitteilen:

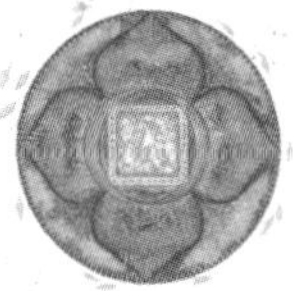

1. Ich vertraue

Bist du in einer Welt groß geworden, die geprägt ist von Verboten, Regeln, Überwachung und Kontrolle? Kleine Kinder sind im Urvertrauen und in der bedingungslosen Liebe. Doch dann werden sie geprägt vom Elternhaus, von Kindergarten und Schule. Bereits als Kind haben wir alle „funktionieren" müssen, um in unserem Umfeld überleben zu können und angenommen zu werden. Das Verhalten wird durch mentale Programme gesteuert, die unbewusst im Gehirn ablaufen. Diese Programme sind das Survival-Paket, damit du dich in dieser Gesellschaft bewegen kannst, ohne Energie zu verschwenden. Aber macht es dich glücklich? Oder lebst du ständig in der Angst, dass dir oder deinen Liebsten etwas passieren könnte? Geldsorgen, Einsamkeit oder Krankheit können dich wahrlich um den Verstand bringen. Garantien und Sicherheiten gibt es nicht fürs Leben. Lass das Leben fließen, damit zu dir kommen kann, was zu dir gehört.

Sag dir jeden Tag:

„Ich vertraue."

2. Ich bin erfolgreich

Wenn du Erfolg in dein Leben ziehen möchtest, dann arbeite zunächst an deiner inneren Einstellung und behandle deinen Körper wie einen Tempel. Viele Menschen, die viel Geld verdienen, werden übergewichtig, weil sie auf einmal mehr Auto fahren, mehr Geld für Essen ausgeben und länger sitzen. Für ein erfolgreiches Leben brauchst du jedoch einen gesunden und fitten Körper! Tu nur das, was dich wahrhaft glücklich macht. Lass eine Tätigkeit sein, wenn du nicht darauf fokussiert bist. Glaube an die Kraft deines Handelns und an Wunder. Und denk daran: Perfektion bedeutet Stillstand. Du darfst Ecken und Kanten haben, um im Leben erfolgreich zu sein. Erfolgreiche Menschen gehen den Weg des Herzens und verbringen Zeit mit Menschen, die sie weiterbringen. Du hast immer die Wahl.

Sag dir jeden Tag:

„Ich bin erfolgreich."

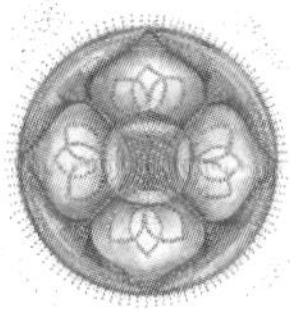

3. Ich bin magisch

Kinder sind magisch. Aber sie passen nicht in eine Norm, und schon gar nicht in eine Gesellschaft, die aus dem Verstand heraus lebt. Auch du warst Magie pur, als du auf die Welt gekommen bist. Wo ist deine Magie geblieben? Wurde dir vielleicht als Kind eingeredet, dass du auffällig oder anders bist? Es gibt Kinder, die Engel sehen können oder tote Seelen spüren. Sie sind hochsensible Wesen, die viel zu oft Stellvertreter-Rollen von anderen Menschen übernehmen. Dann gehen Gefühle, Emotionen und körperliche Symptome durch sie hindurch. Kinder wissen sich jedoch noch nicht abzugrenzen. Erwachsene schon – daher ist es für uns einfacher, empathisch durch die Welt zu wandeln. Verbinde dich wieder mit deiner geistigen Quelle. Entdecke deine Talente, und lebe die Magie in jedem Augenblick. Du bist hier, um deine Einzigartigkeit und deine Magie in die Welt zu bringen.

Sag dir jeden Tag:

„Ich bin magisch."

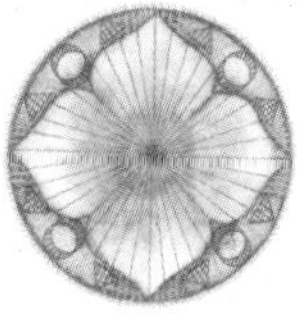

4. Ich bin mutig

Gehst du mutig den Weg deines Herzens? Dein Herz sehnt sich nach Selbstverwirklichung. Dein Verstand fürchtet um sein Leben und will dich davon abhalten. Dein Kopf wird so lange deinen Mut sabotieren, bis du über dich hinauswächst. Angst ist unangenehm, aber sie verschwindet nur, wenn du dich ihr stellst. Immer wenn du etwas Neues angehst, wird dir Angst begegnen. Das geht allen Menschen so. Deine Angst spiegelt dir deinen größten Schatz: Mut zur Veränderung – stell dich deiner Angst und tu das, wonach sich dein Herz sehnt. So lässt du dich nicht mehr von deiner Angst beherrschen. Sie wird nie ganz verschwinden, weil sie uns das Leben retten kann. Entspann dich daher und denk daran, dass Angst nur diesem einen Zweck dient!

Wenn du mutiger werden möchtest, dann beginne mit kleinen Schritten. Erweitere jeden Tag Stück für Stück deine Komfortzone. So stellst du dich kontinuierlich deiner Angst – in machbaren Schritten. Geh zum Beispiel allein in ein Restaurant, oder mach einem fremden Menschen ein ernst gemeintes Kompliment, probier eine neue Sportart aus, oder fahr mal ohne Navi mit dem Auto in eine fremde Stadt. Komm bewusst in das Gefühl der Angst, aber identifizier dich nicht mit ihr.

Sag dir jeden Tag:

„Ich bin mutig."

5. Ich bin hoffnungsvoll

Befindest du dich gerade in einer Lebenskrise? Sei zuversichtlich und glaub daran, dass du die Situation meistern kannst. Hoffnung kann Selbstheilungskräfte mobilisieren, wenn dir zum Beispiel eine Krankheit das Leben schwer macht, du deinen Job oder einen geliebten Menschen verloren hast. Dein Immunsystem wird gestärkt durch Hoffnung, und damit auf eine ganz neue Schwingungsebene angehoben. Verändere auch äußerlich dein Leben, deine Gewohnheiten, deine Ernährung zum Positiven. Sprich dir selber Mut zu und erinnere dich an positive Erfahrungen aus der Vergangenheit. Umgib dich mit Menschen, die dir ebenfalls Hoffnung machen, und meide negative Menschen.

Lass los und such nach dem persönlichen Sinn der Krankheit oder deiner Lebenskrise. Denk stets daran, dass es für alles eine Lösung gibt. Wenn du hoffnungsvoll in die Zukunft blickst, wird dir genug Energie zur Verfügung stehen, um danach zu handeln. Du wirst ruhiger, positiver und kreativer. Und dann werde aktiv. So hast du wieder Kontrolle über dein Leben.

Sag dir jeden Tag:

„Ich bin hoffnungsvoll."

6. Ich bin bereit, Verantwortung zu übernehmen

Als Kind warst du es gewohnt, dass deine Eltern die Verantwortung für dich getragen haben. Das war auch gut so. Im Laufe der Jahre haben dir deine Eltern vielleicht mehr Verantwortung übertragen – je nachdem, wie sie sich dir gegenüber verhalten haben bzw. wie dominant deine Eltern waren oder immer noch sind. Vielleicht wurdest du als Kind für einige Taten bestraft. Konsequenzen zu tragen, bedeutet jedoch nicht, bestraft zu werden. Gibst du heute immer noch Verantwortung an deine Eltern, Freunde, deinen Partner oder Vorgesetzten ab?

Selbstverantwortung bereichert das Leben – es wird erfüllter und befreiter. Selbstverantwortung ist die Bereitschaft, für dein

Leben einzustehen. Das schließt nicht nur dein Handeln, sondern auch deine Gedanken, Gefühle, Bedürfnisse, Ängste und Sorgen mit ein. Alles, was du denkst und fühlst, beeinflusst auch dein Handeln. Die Konsequenzen dafür trägst du ganz allein.

Hab keine Angst davor, Fehler zu machen. Immer wenn du etwas Neues beginnst, darf auch das sein – es gehört zum täglichen Leben. Nur so kannst du neue Erfahrungen sammeln und dabei lernen. So wirst du Herausforderungen meistern und richtig stolz auf dich sein. Durch Verantwortung wirst du selbstbewusster und selbstsicherer. Du bekommst Vertrauen in dich selbst.

Sag dir jeden Tag:

„Ich bin bereit, Verantwortung zu übernehmen."

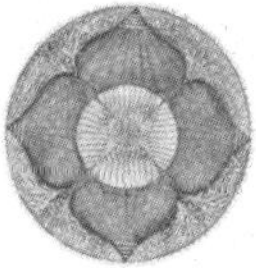

7. Ich bin offen für Neues

Fühlst du dich lebendig? Beobachte Kinder: Sie erleben jeden Tag alles neu. Pure Freude treibt sie an. Erwachsenen scheint diese Eigenschaft abhanden zu kommen. Im Alltagsstress stehen wir unter Zeitdruck und beschäftigen uns mit immer gleichen Herausforderungen. Neugierde wird zu einem Fremdwort. Allerdings kannst du nur durch Neugierde deine Komfortzone erweitern. Du lässt dich auf Unbekanntes ein, siehst die Welt aus anderen Augen und lernst dabei sehr schnell und viel. Es bringt Spaß, weil der Körper Glückshormone freisetzt, die wiederum Leidenschaft fördern. Du nimmst die Welt im Hier und Jetzt wahr, akzeptierst die Dinge, wie sie sind – ohne zu urteilen. Du bist im Einklang mit dir selbst und deinem gesamten Umfeld.

Sieh die Welt mit den Augen eines Kindes und staune! Besinn dich darauf, was im Leben wirklich wichtig ist. Achte auf dich und deine Bedürfnisse. Fang ein neues Hobby an, lauf eine andere Strecke als gewohnt, setz dich zum Frühstücken woanders hin, oder unterhalte dich mit Menschen, die du nicht kennst. So durchbrichst du deine Gewohnheiten und befreist dich von eingefahrenen Denkmustern.

Sag dir jeden Tag:

„Ich bin offen für Neues."

Sakralchakra

(Svadhishthana-Chakra)

Im Sakralchakra geht es nicht nur um Sinnlichkeit und Sexualität, sondern auch um Kreativität und Lebensfreude. Lust und Genuss können nur entstehen, wenn man Situationen annimmt, wie sie sind, und das Leben fließen lässt. Anatomisch liegt das Sakralchakra auf Höhe des Kreuzbeins, etwas oberhalb der Geschlechtsorgane, einige Fingerbreit unterhalb des Bauchnabels. Die Geschlechts- und Unterleibsorgane, Gebärmutter, Nieren und Blase werden von diesem Chakra mit Energie versorgt. Auch Blutkreislauf, Lymphfluss, Samenflüssigkeit und Urin stehen in Zusammenhang mit der Aktivität des Sakralchakras. Bei einer Störung kommt es zu Frigidität oder Impotenz, aber auch Sexsüchte können ein Zeichen von einem energetischen Ungleichgewicht sein.

Über dieses Energiezentrum nehmen wir Kontakt mit unserer weiblichen Energie auf und verbinden uns mit der Weisheit unseres Unterbewusstseins. In der Phase des zunehmenden Mondes ist das Sakralchakra am Aktivsten. Es steht in enger Verbindung mit dem Wasser.

So kannst du dein Sakralchakra stärken:

Such möglichst oft den Kontakt zu Wasser: baden, schwimmen, reichlich trinken und am Meer spazieren gehen. Kreative Tätigkeiten wie Malen und orangefarbene Einrichtungsgegenstände oder Bekleidungsstücke wirken unterstützend. Die Düfte Ylang-Ylang, Sandelholz, Myrrhe, Pfeffer, Vanille, Bitterorange und Orange stärken das Sakralchakra zusätzlich.

Deine Sakralchakra-Karte möchte dir Folgendes mitteilen:

1. Ich bin sinnlich

Geht es in deinem Leben gerade nur um Leistung, Familie und Beruf? Dann bist du zu sehr in deiner männlichen und nicht in deiner weiblichen Kraft. Es ist wichtig, beide Energien in dir auszugleichen. Finde zu deinen lustvollen Gefühlen zurück und empfange. Mit Sinnlichkeit gehst du den Weg der Lebensfreude. Damit entfachst du dein inneres Feuer. Was macht dir Spaß? Eine Reise, kulturelle Unternehmungen, gutes Essen – all das regt deine Sinne an. Genieß das Leben mit Begeisterung.

Natürlich spielt bei der Sinnlichkeit auch Sexualität eine Rolle. Wenn du mit deinem Partner wie Bruder und Schwester zusammenlebst, fehlt dir etwas Elementares in deiner Beziehung. Deine Seele möchte genährt werden: Durch Verlangsamung, Sensibilisierung,

Offenheit, Berührung, romantische Musik und Atmosphäre kann Sinnlichkeit zu neuem Leben erweckt werden. In dem Moment, wo du Sinnlichkeit in dein Leben einlädst, wirst du lustvoll mit dir selbst umgehen. Auch Tanzen, Sport und Bewegung sind dafür förderlich. Ein Partner ist keine Bedingung dafür, dass du Sinnlichkeit ausstrahlst oder dich sinnlich fühlst. Auch als Single kannst du ein lebendiges Leben führen. Flirte, wenn dir danach ist, und stell dir vor, dein perfekter Partner und Liebhaber ist bereits in deinem Leben präsent.

Sag dir jeden Tag:

„Ich bin sinnlich."

2. Ich bin voller Energie und Lebenskraft

Mangelt es dir gerade an Lebenskraft? Wenn du ständig gestresst bist, zu viel um die Ohren hast und dich schlapp fühlst, ist es an der Zeit, dein Leben umzustellen. Du verlangst zu viel von dir selbst. Ruhepausen sind wichtig, damit du dich aufladen kannst. Je mehr du zu tun hast, desto mehr Regenerationsphasen brauchst du. Mach dir Gedanken, wo du Zeit geschenkt bekommst. Vielleicht kannst du deine Social-Media-Zeit eingrenzen, weniger Fernsehen oder den Lebensmitteleinkauf auf morgen verschieben und erst Reste verarbeiten. Es gibt immer eine Möglichkeit, Prioritäten zu setzen.

Du selbst solltest deine erste Priorität sein, denn niemand in deinem Umfeld hat einen Vorteil davon, wenn dir die Energie ausgeht.

Verwöhn dich und tu Dinge, die dich mit Freude erfüllen. Auch das Ausleben deiner Kreativität kann dir Energie schenken. Es gibt viele Möglichkeiten und Wege, mit denen du zurück in deine Lebenskraft kommst. Kraft und Energie braucht jeder Mensch, um körperlich und seelisch gesund zu bleiben.

Sag dir jeden Tag:

„Ich bin voller Energie und Lebenskraft."

3. Ich bin begehrenswert

Begehrenswerte Menschen haben eine ganz besondere Aura. Diese Ausstrahlung wirkt nicht nur auf das andere Geschlecht anziehend. Fühlst du dich begehrenswert? Komm mit dir selbst in Einklang und hege positive Gedanken. Wenn du dir selbst und anderen Gutes wünschst, wirst du das auch ausstrahlen. Besonders Selbstliebe ist ein großes Thema für eine attraktive Ausstrahlung. Wo bist du noch nicht im Reinen mit dir? Verbring Zeit mit dir selbst, lern dich kennen und verwöhn dich so, wie du deinen Lieblingsmenschen verwöhnen würdest. Dadurch wirst du selbstbewusster, und andere Menschen werden sich automatisch zu dir hingezogen fühlen.

Wenn du in einer langen Beziehung steckst, dann achte unbedingt auf Unabhängigkeit.

Das kann finanzielle oder emotionale Unabhängigkeit oder die Unabhängigkeit in der freien Entscheidung sein. Übernimm Verantwortung für dich und dein Leben. Achte gut auf dich selbst und verbring Zeit mit Menschen, die dir guttun. Wenn du empathisch mit dir selbst und anderen Menschen bist und aus einem Smalltalk auch mal ein tiefgründiges Gespräch machen kannst, gehörst du definitiv zu den begehrenswerten Menschen.

Sag dir jeden Tag:

„Ich bin begehrenswert."

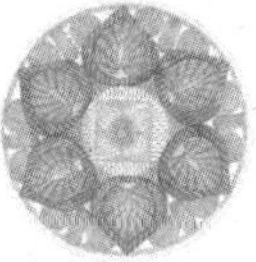

4. Ich bin kreativ

Nimmst du dir genug Raum, um kreativ zu sein? Bei kleinen Kindern sagt man: Langeweile macht kreativ. Wenn man ein Kind in einem kreativen Prozess beobachtet, so kann man sehen, dass es in einem völligen Flow-Zustand des Glücks ist. Kreativität ist schöpferisch und zeigt sich in den unterschiedlichsten Ausdrucksformen. Male, musiziere, schreib oder baue etwas. Es ist egal, was du tun möchtest – lebe deine Inspiration voll aus. Genau in diesem Moment wirst du im Hier und Jetzt sein. Angekommen in der Ewigkeit. Dort, wo die Zeit stehen bleibt.

Anregungen kannst du dir holen, wenn du mit anderen Menschen zum Beispiel ein Konzert besuchst oder ein beachtliches Bauwerk betrachtest. Dadurch entsteht eine Art kollektives Bewusstsein – eine Resonanz unter allen Beteiligten. Wenn du innerlich still wirst, deiner eigenen Stimme lauschst und einen kreativen Impuls wahrnimmst, darfst du dich in Demut vor dir selbst verneigen und ein Teil dieses Schöpfungsprozesses sein. Du wirst tiefe Dankbarkeit empfinden, wenn du dir erlaubst, diese Kreativität auszuleben.

Sag dir jeden Tag:

„Ich bin kreativ."

5. Ich bin leidenschaftlich

Leidenschaft ist eine Emotion, die das Gemüt eines Menschen vollkommen ergreift. Weißt du, wie ansteckend das auf andere Menschen wirkt? Deine Augen funkeln, wenn du von deinen Ideen erzählst. Die damit ausgelöste Euphorie und Hingabe sind enorm anziehend. Auch in dir steckt viel Potenzial. Deine Passion setzt ungeahnte Kräfte frei und verleiht dir Flügel. Menschen, die leidenschaftlich sind, sind erfolgreich. Glaub an dich, verfolge deine Ziele – aus ganzem Herzen. Bleib auf deinem Weg, auch wenn Widerstände oder Zweifel aufkommen oder dir negative Menschen aus deinem Umfeld Steine in den Weg legen. Sei ausdauernd und fokussiere dich.

Für die Liebe gilt: Obwohl in dem Wort „Leidenschaft“ auch das Wort „Leiden“ steckt, so braucht doch jede Beziehung diese Art von Hingabe. Mit der Verwandlung von der Verliebtheit in die Liebe wird Leidenschaft vielleicht leiser, aber sie sollte dennoch nie verschwinden. Liebe und Leidenschaft gehören untrennbar zusammen und lassen einen Liebesakt zur schönsten Nebensache der Welt werden.

Sag dir jeden Tag:

„Ich bin leidenschaftlich."

6. Ich bin mein bestes Ich

Lebst du oft unbewusst vor dich hin und bemerkst vor lauter Stress nicht, wie viel Potenzial in dir steckt? Persönlichkeitsentwicklung ist ein Balance-Akt. Es geht nicht um die perfekte Version deines Selbst, sondern darum, ein bewusstes Leben zu führen. Sorge für einen gesunden Schlaf. Nur wenn du ausgeruht bist, ruhst du auch in deiner Mitte. Rituale am Morgen wie Meditation oder Yoga helfen dir, einen Weg aus der Automodus-Falle zu finden und deine besten Eigenschaften zu fördern.

Wenn es dich doch aus deiner Mitte schleudert, dann beobachte, wie du damit umgehst. Wenn du es schaffst, mit den Widrigkeiten des Lebens umzugehen, wirst du in guten wie auch vermeintlich mageren Zeiten die Fülle spüren. Lies Bücher über Achtsamkeit oder besuch ein Seminar zum Thema Selbstoptimierung. Es gibt viele Wege, um dein Potenzial zu entdecken. Dein Bedürfnis nach persönlichem Wachstum möchte jetzt gestillt werden. Persönlichkeitsentwicklung ist der Weg zu dir selbst, mit all deinen guten und weniger guten Seiten. Finde heraus, wer du bist.

Sag dir jeden Tag:

„Ich bin mein bestes Ich."

7. Ich bin anziehend und wunderschön

Wahrhaftige Schönheit kann süchtig machen. Schöne Dinge, schöne Menschen, schöne Blumen, schöne Tiere – wir können uns gar nicht daran sattsehen. Findest du dich schön? Oft haben Frauen ein Problem mit ihrem Äußeren. Der Hintern ist zu dick, die Haut zu schlecht, der Busen zu klein. Auch Männer haben ihre körperlichen Schönheitsideale, wie einen straffen Bauch oder kräftige Arme. Doch wahre Schönheit strahlst du von innen aus. Dein Körper kann makellos und perfekt sein, und trotzdem bist du keine Schönheit, weil du vielleicht einen verbissenen Ausdruck hast. Andersherum bist du vielleicht klein und füllig, hast aber die Ausstrahlung einer Königin oder eines Königs. Deine Ausstrahlung entscheidet darüber, was und wen du in dein Leben ziehst.

Komm ins Reine mit deinem Körper und erkenne, dass du nicht nur dein Körper bist. Ein Pickel auf der Nase darf dir nicht den Tag vermiesen, weil du dich dadurch hässlich fühlst. Du bist viel mehr als deine Hülle. Dein Körper darf dein Tempel sein, den du hegst und pflegst mit Sport und guter Ernährung. Doch auch deine Gedanken möchten gepflegt werden. Reinige dich täglich von negativen Gedanken durch Meditation, um mit dir, deinem Körper und deinem Aussehen in Frieden zu kommen. Entscheide dich heute dafür, dass du schön bist!

Sag dir jeden Tag:

„Ich bin anziehend und wunderschön."

Nabelchakra

(Manipura-Chakra)

Wer bist du? Deine Ich-Persönlichkeit bildet sich im Solarplexus aus. Hier entscheidet sich, wie bewusst du dein Leben gestaltest, wie sehr du dich durchsetzen kannst und einen harmonischen Weg findest. Menschen mit einem hoch schwingenden Nabelchakra (auch Solarplexus-Chakra) sind sich ihres Selbst bewusst. Als selbstbewusster Mensch verwirklichst du deine Ziele und lebst deine Macht im positiven Sinne, mit Sensibilität und Mitgefühl für alle Lebewesen. Bei Störungen und Blockaden in diesem Chakra können Unsicherheit, Leistungsdenken und geringes Durchsetzungsvermögen dein Leben einschränken.

Das Nabelchakra durchstrahlt wie eine leuchtende Sonne den Körper und versorgt ihn mit Lebensenergie. Es ist der Sitz unserer Persönlichkeit. Das dritte Chakra wird als Energiereserve des Körpers angesehen und vom

Feuer des Sonnengeflechts (= Solarplexus) genährt. Menschen mit einem starken Nabelchakra reagieren spontan, handeln aus dem Bauch heraus und treffen intuitiv die richtigen Entscheidungen. Sie lassen ihren Gefühlen freien Lauf, können laut und herzlich lachen, aber auch bitterlich weinen, wenn sie traurig sind. Das zentrale Element des Nabelchakras ist Feuer. Damit verweist es auf die vitale und feurige Energie, die von diesem Zentrum ausgeht. Die Natur mit ihrem Sonnenlicht, gelbe Getreidefelder, gelbe Blüten, Lava und jede Form von Feuer wirken auf dieses Chakra. In der Phase des zunehmenden Mondes ist dieses Chakra besonders aktiv.

So stärkst du dein Nabelchakra:

Gelbe Blumen heben die Stimmung und schenken dir Energie. Gefühlvolle Musik und Kerzenlicht, sowie kurze Sonnenbäder und ein Kaminfeuer wirken positiv auf dieses Chakra. Ätherische Düfte von Lavendel und Zitrone wirken harmonisierend. Kamille, Anis, Kardamom, Wacholder, Grapefruit und Fenchel stärken das Nabelchakra.

Deine Nabelchakra-Karte möchte dir Folgendes mitteilen:

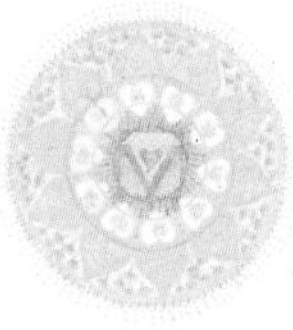

1. Ich bin eine strahlende Persönlichkeit

Fühlst du dich charismatisch und erhellst einen Raum, wenn du ihn betrittst? Gutes Aussehen oder außergewöhnliche Talente sind keine Voraussetzung für eine strahlende Persönlichkeit. Du kannst aktiv beeinflussen, wie sehr du strahlst. Ehrlichkeit, Transparenz und Verständnis für andere Menschen sind auf diesem Weg eine gute Basis. Wenn du emotionale Intelligenz hast, wirst du sympathisch und auch erfolgreich im Job. Hör anderen Menschen richtig zu, wenn sie etwas sagen, und stell Fragen, die deinem Gegenüber signalisieren, dass du ehrliches Interesse hast. Mit Ehrlichkeit und Aufrichtigkeit kannst du anderen ein positives Beispiel sein. Steh authentisch zu deiner Meinung und sei offen für neue Gedanken und Ideen. Eine strahlende Persönlichkeit weiß genau, wer sie ist und was sie will. Bleib deiner Meinung treu und behandle deine Mitmenschen immer freundlich.

Bist du dir auch deiner Körpersprache bewusst? Dein Gesichtsausdruck und die Art, wie du sprichst, beeinflussen deine positive Ausstrahlung. Ein ernst gemeintes Lächeln zaubert auch ein Lächeln in das Gesicht deiner Mitmenschen. Eine strahlende Persönlichkeit ist einzigartig und steht zu dem, was sie sagt. Du kannst andere Menschen in deinen Bann ziehen.

Sag dir jeden Tag:

„Ich bin eine strahlende Persönlichkeit."

2. Ich bin unabhängig

Bist du vollkommen frei und unabhängig von anderen Menschen? Unabhängigkeit bedeutet, selbstbewusst zu handeln und über mentale Stärke zu verfügen. Du weißt, wer du bist und was du kannst. Geistige Unabhängigkeit kann in dieser Gesellschaft auch mal abschreckend wirken. Das liegt daran, dass andere Menschen sich unbewusst genau diese Unabhängigkeit wünschen, und dass ihre Unzufriedenheit zum Vorschein kommt. Sei dir dessen bewusst.

Auch wenn du an bestimmte Regeln und Sachzwänge gebunden bist – Unabhängigkeit entsteht im Kopf. Menschen sind soziale Wesen und werden immer die Nähe anderer suchen. Du bist stark geprägt durch deine

Kindheit und durch die Erziehung deiner Eltern. Wenn du bereits als Kind so erzogen wurdest, dass dir jegliche Entscheidung abgenommen wurde, wirst du immer die Nähe von Menschen suchen, die dir das Gefühl geben, genau zu wissen, was in allen Lebenslagen zu tun ist. In Beziehungen kommt es daher oft zu Abhängigkeiten und Verletzungen. Unabhängige Menschen entscheiden autonom – ohne auf die Zustimmung anderer zu warten.

Entscheidend ist dein Bewusstsein. Wenn du weißt, wer du bist, was du kannst und was du willst, wirst du unabhängig sein. Dann wirst du fokussiert sein, auch mal Nein sagen können, ambitioniert handeln und dir deine Freunde bewusst aussuchen. Du wirst realistisch handeln und optimistisch sein. Und vor allem kannst du dann auch gut mit dir selbst allein sein. In diesem Moment bist du in einem tiefen Vertrauen und hast dein Leben im Griff!

Sag dir jeden Tag:

„Ich bin unabhängig."

3. Ich bin zielstrebig

Zielstrebig zu sein bedeutet, innerlich an seinem eigenen Glück zu arbeiten. Arbeite konsequent an deinen Gedanken, lenk sie in Richtung Liebe, Frieden, Weisheit und Selbstdisziplin. Lebe nach einem konsequenten spirituellen Tagesplan: Sei achtsam mit dir selbst und deiner Umwelt und vergeude deine Zeit nicht mit Trägheit oder Streitigkeiten. Erfreu dich an diesem Weg und ernte ein Glücksgefühl, das direkt aus deinem Herzen kommt.

So wirst du zielstrebiger: Ersetze konsequent negative Gedanken durch positive, Wut durch Liebe, und Angst durch Weisheit. Harte Arbeit kann dich zwar zum Ziel führen, aber sie kann dich auch verspannen. Bleib also achtsam, wenn du zielstrebig bist. Auch „Nichtstun“ kann eine innere Blockade auflösen. Oft ist es der mittlere Weg aus Arbeit und Ruhe, der genau richtig ist. Wenn du glücklich bist, wirst du automatisch weniger tun. Wenn äußere Impulse auf dich zukommen, wirst du reagieren. Dein Weg des Herzens wird dich immer mehr in das Einheitsbewusstsein führen. Glück ist unser aller Geburtsrecht. Zielstrebigkeit ist ein wichtiger Aspekt, um diesen Zustand zu erreichen.

Sag dir jeden Tag:

„Ich bin zielstrebig."

4. Ich bin selbstbewusst

Weißt du, wer du bist? Du bist ein geistiges Wesen in einem menschlichen Körper. Nichts und niemand hat mehr schöpferische Kraft als du selbst. Mit der Kraft deiner Gedanken kannst du alles erreichen, was du willst. Wenn du Angst hast, überprüfe, ob du Glaubensmuster und Glaubenssätze von anderen Menschen übernommen hast, die nicht zu dir gehören. Denk daran, dass du eine unsterbliche Seele bist. Das Ego produziert gern begrenzende Glaubensmuster. Nur jener Glaube und die damit verbundene Wahrheit, die aus deinem höheren Selbst kommt, lässt dich selbstbewusst sein. Befindest du dich vielleicht sogar in Verstrickungen mit deinen Vorfahren? Hier lebst du, meist unbewusst, stellvertretend für andere Personen und lädst dir ihre Schuld auf die Schultern. Dadurch kommst du automatisch in einen Mangel an Selbstbewusstsein.

Manchmal ist viel innere Arbeit nötig, um selbstbewusst zu werden. Dauerhaftes Selbstbewusstsein bekommst du, wenn du deine eigene Persönlichkeit und Spiritualität erkannt hast. Du wirst merken, dass dir dann alles in deinem Leben gelingt, was deine Seele auf ihrem Herzensweg erreichen möchte.

Auch mit deiner Körperhaltung zeigst du Selbstbewusstsein. Wenn du aufrechter durchs Leben gehst, wirst du mehr zu dir selbst stehen können.

Sag dir jeden Tag:

„Ich bin selbstbewusst."

5. Ich bin wertvoll

Kennst du deinen Wert? Es ist wichtig, dass du deinen Marktwert kennst und einforderst. Gemeint ist nicht deine Leistungsfähigkeit, oder wie gut du Arbeit und Haushalt machst. Es ist auch nicht damit gemeint, wie gut du aussiehst, ob du etwas im Leben erreicht hast oder wie intelligent du bist. Wie wertvoll du bist, entscheidest nur du.

Wenn du dir deines Wertes bewusst wirst, sorgst du für dein Wohlergehen und kümmerst dich zuerst um dich selbst. Dann bist du der Mittelpunkt in deinem Universum – du bist in der Selbstliebe angekommen. Denk stets daran: Nur wenn du gut für dich sorgst, gute Gefühle, Liebe und Energie in dir trägst, kannst du diese Dinge an andere weitergeben und etwas sehr Wertvolles von dir verschenken. Du bist für dich und andere ein Geschenk des Himmels!

Sag dir jeden Tag:

„Ich bin wertvoll."

6. Ich bin der Regisseur meines Lebens

Du bist der Regisseur, der Projektor und sogar der Zuschauer deines eigenen Lebens. Sobald du einmal tief in dein Innerstes abgetaucht bist, wirst du feststellen, dass du Fehler nicht bei anderen Menschen zu suchen brauchst! Was das bedeutet: Alles, was im Außen passiert, wird über deinen Verstand bewertet. Wenn du das erkannt hast, werden sich ganz neue Türen für dich öffnen. Durch deine Gedanken erzeugst du bestimmte Gefühle und erschaffst damit deine Innenwelt, die du im Körper spürst. Du fühlst ständig, weil jeder Gedanke deine Gefühlslage beeinflusst, sobald du ihm einen Wert gibst. Einflüsse aus deiner Umgebung, Erziehung sowie eigene Einsichten spielen dabei eine Rolle. Dieses

Gedankenraster hilft uns, im Leben eine Orientierung zu bekommen.

Aber Gedanken sind gar nicht real. Wie wäre es, wenn du deine Gedanken nicht mehr so ernst nehmen würdest und begreifst, dass du „nur" dein Denken fühlst? Fülle, Glück, Leichtigkeit und Liebe – diesen Zustand kannst du dir herbeidenken. Es ist der Moment, in dem dein Geist klar wird und du den absoluten Überblick und tiefe Erkenntnisse über das Leben selbst hast. Du wirst eine Energie freisetzen, mit der du Berge versetzen kannst. Ganz einfach deshalb, weil du etwas Tieferes erfährst als deinen Verstand. Genau das ist dein natürlicher Zustand.

Sag dir jeden Tag:

„Ich bin der Regisseur meines Lebens."

7. Ich bin auf Augenhöhe mit anderen

Fühlst du dich anderen ebenbürtig? Gemeint sind Kollegen, Lebenspartner, Familienmitglieder und Freunde. Wenn du dich unterlegen fühlst, befindest du dich in einer Art Opferrolle. Auf Augenhöhe zu kommen, kann eine echte Herausforderung werden. Du brauchst einen gewissen Reifegrad, um selbstbewusst deine Interessen zu vertreten. Schau dir genau an, was dein Gegenüber besser kann bzw. wo die Stärke liegt, die dir fehlt. Auch Menschen, denen du zufällig begegnest, spiegeln dir manchmal deine Themen. Sei dankbar dafür. Wenn du dir dessen bewusst wirst, kannst du daran arbeiten. Überprüfe alte Glaubenssätze und formulier sie positiv um. Wenn du zum Beispiel finanziell unterlegen bist, dann sag dir innerlich: „Ich genieße einen täglich wachsenden Reichtum." Geld ist Energie, und Energie folgt der Aufmerksamkeit. Genauso verhält es sich in allen anderen Bereichen. Wichtig ist, dass du klar entscheidest, was du möchtest. Im Laufe dieser Entwicklung wirst du feststellen, dass du selbst all deine Probleme lösen kannst. Dadurch wirst du ein gesundes Selbstwertgefühl entwickeln, das dich unabhängiger von der Anerkennung anderer macht. Es ist erwachsen, die Verantwortung für das eigene Leben zu übernehmen. Das ist der Moment, wo du mit den Menschen aus deinem Umfeld auf Augenhöhe bist!

Sag dir jeden Tag:

„Ich bin auf Augenhöhe mit anderen."

Herzchakra

(Anahata-Chakra)

Im Herzchakra ist das Zentrum der Liebe. Hingabe, Selbstlosigkeit, Empathie, Toleranz und Heilung werden in diesem Energiezentrum entwickelt. Menschen mit einem geöffneten Herzchakra haben Toleranz gegenüber Andersdenkenden, Mitgefühl, tiefes Verständnis, und sie nehmen auch sich selbst trotz Schwächen und Fehlern liebevoll an. Bei einem blockierten Herzchakra kann es zu Verbitterung, Einsamkeit und Problemen beim Annehmen von Liebe kommen.

Das Herz wird in allen Kulturen mit der Kraft der Liebe in Verbindung gebracht. Es bildet die menschliche Mitte. In unserem spirituellen Herzzentrum sind wir geborgen und frei von Makeln. Was auch immer im Leben passiert – über die Verbindung mit unserem Herzchakra finden wir Trost und Kraft. Das vierte Chakra nimmt auch die Schönheit der Natur sowie

Kunst und Kultur wahr. Mit einem gut entwickelten vierten Chakra nimmt man die Menschen so, wie sie sind – man liebt einfach und kann mit viel Herzenswärme Verantwortung für sich selbst und andere übernehmen. Wahres Mitgefühl, das Sich-Hineinversetzen in andere sowie tiefes Verständnis sind emotionale Fähigkeiten, die zeigen, dass das Bewusstsein bereits eine höhere Stufe der Entwicklung erreicht hat. Diese überpersönliche Liebe öffnet sich jedem Menschen – nicht nur dem Partner, den Familienangehörigen oder Freunden.

Die Liebe des spirituellen Herzens ist jedoch nicht die leidenschaftliche und sinnliche Liebe, sondern eine Bewusstseinsstufe, auf der Liebe bedingungslos ist. Obwohl die Liebe immer mit der Farbe Rot in Verbindung gebracht wird, ist die Farbe des Herzchakras Grün, was Harmonie und Ausgeglichenheit symbolisiert. In der Neumond- wie auch in der Vollmondphase ist das Herzchakra besonders aktiv.

Auf körperlicher Ebene versorgt das Herz-Chakra das Herz, den Kreislauf und die Lunge sowie den mittleren Rücken mit Energie. Auch das Immunsystem wird über die Thymusdrüse gestärkt, die von Herzenergie lebt.

So stärkst du dein Herzchakra:

Trag im Alltag grüne Kleidung und halte dich möglichst oft in der Natur auf. Verwöhn zunächst dich selbst, und kümmere dich danach auch um andere. Grünes Gemüse stärkt dein Herz: Spinat, Erbsen, Gurke, Salat sowie Kräuter wie Melisse und Thymian. Düfte von Rose, Jasmin, Estragon und Kardamom unterstützen das Herzchakra.

Deine Herzchakra-Karte möchte dir Folgendes mitteilen:

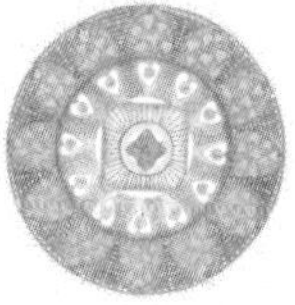

1. Ich bin in Liebe

Fühlst du wahrhaftige Liebe in deinem Herzen? Menschen wurden geschaffen, um zu lieben, und nicht, um benutzt zu werden. Wir haben es leider durch unsere Erziehung oder die Gesellschaft verlernt, in unserem Herzen zu verweilen. Der Verstand ist zu stark. Wir identifizieren uns mit unserem Körper und der Materie. Dadurch sind wir von unserer Kraftquelle der Liebe abgeschnitten. In dem Moment, wo du selbst Liebe bist, wirst du immer aus der Liebe heraus handeln. Wenn du dich allerdings erst auf bedingungslose Liebe einstimmen musst, bist du nicht in der Liebe, sondern lässt dich lediglich auf sie ein. Das ist ein großer Unterschied! Kannst du eine Spinne töten, wenn du in der Liebe bist? Oder Müll in die Natur werfen? Kannst du deinen

Partner für eine Tat verurteilen, wenn du in der Liebe bist? Erinnere dich daran, was du sein möchtest. Auch dein Kopf wird irgendwann verstehen, dass Liebe der einzige Weg ist. Wenn du ständig den Satz „Ich bin in Liebe" wiederholst, wird dein Kopf ermahnt, in der Liebe zu denken. Du wirst mehr mitfühlen mit deinen Mitmenschen und dich darin üben, ehrlich deine Wahrheit zu leben.

Das Gefühl bedingungsloser Liebe hat die höchste und heilsamste Schwingung für Körper, Geist und Seele. Mit dem Gefühl der Liebe kannst du energetisch abheben! Wenn du also Liebe bist, wirst du in den nebensächlichen Momenten deines Alltags Glückseligkeit erfahren. Und selbst wenn du merkst, dass du an eine Grenze kommst, lässt du dich von Liebe beflügeln und wirst schnelle Alternativlösungen finden.

Sag dir jeden Tag:

„Ich bin in Liebe."

2. Ich bin liebenswert

Es gibt Menschen, die muss man einfach liebhaben. Gehörst du auch dazu? Was macht deiner Meinung nach einen liebenswerten Menschen aus? Positiv gestimmte Menschen, die viel und gern lachen, sind in der Regel beliebt. Mit einem Lächeln geht sowieso alles leichter. Lächle deine Mitmenschen an und schenk ihnen ein Teil deiner positiven Energie. Sei aufmerksam, wenn dir andere etwas erzählen, und stell Fragen. Dein Gegenüber wird merken, dass du dich wirklich für ihn oder sie interessierst. Wenn jemand in einen Wettkampf mit dir geht, dann nimm es mit Humor, wenn du den Kürzeren ziehst. Du darfst auch über dich selbst lachen. Liebenswerte Menschen geben anderen viel Raum. Sie vergleichen sich nicht, weil sie sich ihrer selbst bewusst sind.

Wenn du dich nicht liebenswert fühlst, dann fang an, zu dir zu stehen, mit all deinen guten und schlechten Seiten. Finde deine charmante Art, mit der du hilfsbereit auf andere zugehst – ohne ungefragt Ratschläge zu erteilen. Respektier die Meinungen anderer und bleib optimistisch. Denk daran: Dein Glas ist halbvoll. Selbst wenn dir etwas Schicksalhaftes widerfährt, sei dir gewiss, dass wieder positive Zeiten auf dich zukommen.

Sag dir jeden Tag:

„Ich bin liebenswert."

3. Ich bin respektvoll

Ein respektvoller Umgang mit dir selbst und anderen ist elementar. Wenn dir im äußeren Umfeld über längere Zeit keine Wertschätzung entgegengebracht wird, kann dich das regelrecht krank machen. Für dich selber bedeutet das: Weil du dich wertschätzt, darfst du nach einem langen Arbeitstag eine Pause machen, dir etwas gönnen und dich verwöhnen. Wenn du bei dir selbst anfängst, werden deine Mitmenschen deine innere Haltung wahrnehmen und dasselbe mit dir tun.

Wertschätzung in der Familie ist ein ganz besonderes Thema. Eltern wollen für ihre Kinder immer nur das Beste. Doch sie sind auch „nur“ Menschen. Hast du vielleicht bei deinen Eltern beobachtet, dass sie nicht respektvoll miteinander umgehen? Oder vielleicht sind sie auch mit dir und deinen Geschwistern respektlos umgegangen? Für Kinder ist es nicht einfach, zwischen richtig und falsch zu entscheiden, wenn ihnen Eltern etwas vorleben. Wenn du liebevolle Eltern hast, dann sei dir gewiss, dass sie in der Kindererziehung ihr Bestes gegeben haben.

Wichtig ist, dass du dir bewusst wirst, was für dich Wertschätzung bedeutet, damit sich diese Verhaltensweisen nicht in den eigenen Partnerschaften und mit den eigenen Kindern wiederholen. Sei achtsam in jeder Situation mit dir selbst und anderen. Schau dir genau an, was für dich richtig ist und was nicht. Halt lieber inne und überleg dir, wie dein Handeln auf dein Gegenüber wirken könnte – vor allem, wenn es um Kinder geht!

Sag dir jeden Tag:

„Ich bin respektvoll."

4. Ich bin auf dem Weg, meinem Herzen zu folgen

Triffst du wichtige Lebensentscheidungen aus dem Kopf oder aus dem Herzen heraus? Viele Menschen entscheiden aus ihrem Kopf heraus und sind unglücklich bzw. haben vom wahren Glück noch nicht gekostet. Die Wahrheit interessiert sie nicht, weil die Gewohnheit – auch wenn es Leid bedeutet – Sicherheit gibt. Natürlich ist der Verstand wichtig, um Entscheidungen zu treffen. Doch dein Herz weiß ganz genau, was es möchte. Hör auf seine sanften Signale und begib dich in einen meditativen Zustand, wenn dir alles zu Kopf steigt.

Existenzielle Grundfragen können aufkommen: Fühle ich mich in meiner Partnerschaft noch wohl? Ist mein Beruf meine Berufung?

Was auch immer deine Wahrheit ist: Sei mutig und schau ihr direkt ins Gesicht! Authentisch wirst du erst, wenn du deinem Herzen Ausdruck verleihst und deinen eigenen Weg gehst. Andere mögen dir gute Ratschläge geben, deinen Weg wirst du allerdings selbst herausfinden müssen.

Wenn du deinem Herzen folgst, erfährst du die direkte Verbindung zu deinem höheren Selbst. Es kann sein, dass du „Freunde" auf diesem Weg verlierst, weil sie dich für verrückt erklären. Früher oder später wird sich jedoch eine Entschlossenheit bei dir zeigen, von der dich nichts und niemand abhalten kann. Folge deiner Seele in eine Welt der Magie und des bedeutungsvollen Zaubers. Folge dem Ruf deines Herzens.

Sag dir jeden Tag:

„Ich bin auf dem Weg, meinem Herzen zu folgen."

5. Ich bin gut zu mir selbst

Du spürst, wie es deiner besten Freundin oder deinem besten Freund geht – auch wenn ihr viele Kilometer voneinander entfernt seid? Empathie und Mitgefühl sind wundervolle Eigenschaften. Fühlst du sie aber auch für dich selbst? Wir kümmern uns im Alltag um andere Menschen. Besonders Kinder brauchen viel Aufmerksamkeit und Liebe. Umso seltsamer mag es klingen, wenn du dir Zeit nehmen darfst, um für dich selbst zu sorgen. Doch nur wenn es dir gutgeht, hast du auch die Kraft und die innere Balance, dich um andere liebevoll zu kümmern.

Beobachte, wie hart du mit dir selbst ins Gericht gehst, wenn du einen Fehler machst. Nimmst du dich selbst in den Arm, wenn du traurig bist? Gönnst du dir eine Auszeit von deinem stressigen Alltag? Zeit für dich ist wichtig und unbezahlbar. Wie liebevoll du zu dir selbst bist, zeigt sich oft schon am Anfang eines Tages mit deinen Gedanken und mit der Art, wie entspannt oder gestresst du in diesen Tag startest. Schau in den Spiegel und schenk dir ein Kompliment oder ein Lächeln.

Die Art und Weise, wie du mit dir umgehst, beeinflusst auch deine Gefühlswelt. Du wirst dich automatisch besser fühlen und mehr Energie zur Verfügung haben. Beobachte, wie du über dich selbst denkst. Nimm dir Zeit, damit du dich selbst kennenlernst. Je besser du dich verstehst, desto besser kannst du auch für dich sorgen. Lern deine Stärken und Schwächen kennen, um dein Verhalten einzuschätzen. Denk daran, wie gut es tut, wenn andere an dich glauben. Viel besser ist es noch, wenn du selbst an dich glaubst! Setze Grenzen – auch das bedeutet, nett zu sich selbst zu sein. Mach anderen klar, dass sie sich dir gegenüber in bestimmten Situationen wertschätzender verhalten mögen. Steh zu deinen eigenen Werten und bleib dir selbst treu.

Sag dir jeden Tag:

„Ich bin gut zu mir selbst."

6. Ich bin in Frieden mit mir und anderen

Fühlst du dich gerade ausgeglichen, in Balance, in der Leichtigkeit und Gelassenheit? Innerer Frieden ist das Gefühl, in vollkommener Harmonie mit sich und anderen zu sein. Es ist der Grundstein dafür, Frieden in die Welt zu tragen. Wie schön wäre es, wenn du diesen Zustand öfter erreichen würdest in einem Alltag voller Pflichten und Termine.

Der erste Schritt ist das Erkennen und Loslassen von Bewertungen und Vergleichen. Der Alltag ist getrieben durch Wünsche. Wir vergleichen uns mit anderen und bewerten. Natürlich führt dies zu Unzufriedenheit im Geist. Wir streben nach mehr und konzentrieren uns auf das, was wir nicht haben. Verlass bewusst den Zustand des Mangels. Ist dein Glas halbvoll oder halbleer? Der Zustand ist der Gleiche, doch die Betrachtungsweise eine andere. Lenke deine Gedanken auf das Positive: auf deine Eigenschaften, deine Fähigkeiten.

Wenn du achtsam in der Gegenwart angekommen bist, wirst du erkennen, dass du weniger bewertest. Auch der Umgang mit deinem Umfeld spielt eine Rolle. Wo kritisierst du andere, wo möchtest du ihr Verhalten bewerten bzw. ändern? Jeder Mensch ist ein Individuum und darf einfach sein. Praktizier Vergebung für dich und andere. Spür in dieses Gefühl hinein.

Ungeklärte Situationen zwischen zwei oder mehreren Menschen wollen geklärt werden, weil sie dich daran hindern, in deinen inneren Frieden zu kommen. Söhne dich gedanklich oder auch physisch mit diesen Menschen aus – nimm die Situation an, wie sie eben ist. Liebe, Annahme und Akzeptanz sind wundervolle Energien, die du nach außen bringen darfst.

Sag dir jeden Tag:

„Ich bin in Frieden mit mir und anderen."

7. Ich bin in meiner Mitte

Deine innere Mitte ist dein Kraftort. Wenn du in dir ruhst, kannst du dein volles Potenzial nutzen und gleichzeitig Ruhe und Frieden spüren. Du erkennst dich in diesem Raum, weißt um deine Fähigkeiten, bist fokussiert und bei dir. Dieses Gefühl ist wundervoll. Doch wie kommst du an diesen heiligen Ort in dir selbst?

Schaff dir zunächst Räume im Außen, die dir Ruhe und Frieden vermitteln. Das kann ein Meditationsraum sein oder ein Arbeitszimmer. Vielleicht ist es auch ein Ort im Garten oder in der Natur, an dem du diese Ruhe und diesen inneren Frieden spürst. Nimm diesen Platz ganz bewusst ein, damit du dort Kraft schöpfst – immer wenn du dich nicht in deiner inneren Mitte fühlst. An diesem Ort ist es auch wichtig, Stille zu erfahren, damit du deinen inneren Raum aufsuchen kannst. Auch diesen inneren Raum kannst du dir schön einrichten. Wahre die Balance – wo bist du innerlich völlig überladen, und was fehlt dir?

Achte auf ein klares Ja oder ein klares Nein, wenn du dir innerlich Fragen stellst. Und nimm dir Zeit für dich, weil du es dir wert bist. Verweile in der Liebe, nimm sie an, und dann gib aus vollem Herzen. Deine innere Mitte zeigt dir, wie du die Balance wahren kannst. Du wirst spüren, dass die Quelle der Liebe – deiner ganzen Kraft – nie versiegt, wenn du in deiner Mitte bist.

Sag dir jeden Tag:

„Ich bin in meiner Mitte."

Kehlchakra

(Vishudda-Chakra)

Das Hals- oder Kehlchakra wird als Chakra der Kommunikation bezeichnet. Es drückt unsere Gedanken und Gefühle aus, hilft bei der Wahrnehmung der inneren Stimme und ist das Tor zu höheren Bewusstseinsebenen. Ein Großteil der Gedanken besteht aus Worten. Diese Worte beeinflussen unsere Gedankenwelt und damit unser Lebensgefühl. Energetisch lädt dieses Chakra die Stimmbänder auf. Bei Blockaden kommt es zu Schwierigkeiten, Vorstellungen in Worte zu fassen. Sprachlosigkeit, Schüchternheit und Angst können die Folge sein.

Mandelentzündung und Heiserkeit sowie Probleme mit der Schilddrüse können mögliche körperliche Beschwerden sein, die bei einer längeren Blockade des Kehlchakras auftreten. Auf körperlicher Ebene stellt das Kehlchakra eine Verbindung zum Rückenmark, zur Schilddrüse und zum oberen Teil der Lunge sowie zu den Bronchien und der Speiseröhre her. Die körperliche Zuordnung des Kehlchakras sind die Schilddrüse, Hals-, Nackenbereich, Stimmbänder.

Dieses Chakra wirkt reinigend auf das Bewusstsein und lässt innere Klarheit entstehen. Hier bringst du bewusst deine wahrhaftigen Gedanken und Gefühle zum Ausdruck. Menschen mit einem frei fließenden Kehlchakra verfügen über verbale und kreative Ausdrucksfähigkeit. Sie sind sprachgewandt und Kommunikationsfähig. Besonders aktiv ist das Kehlchakra in der Phase des abnehmenden Mondes.

Das Halschakra ist nur ausgeglichen, wenn Zuhören und Reden in Balance sind. Oberflächliches Schwätzen gehört weniger zu einer starken Kommunikationsfähigkeit, aber dafür die Fähigkeit, sich anderen verständlich zu machen und Worte bewusst zu wählen. Wenn ein Mensch wahrhaft authentisch ist, kann er sich mit wenigen Worten so stark ausdrücken, dass der Zuhörer „berührt“ wird.

Dieses Energiezentrum ist ein wichtiges Verbindungsglied, weil es das Herzchakra mit dem Stirnchakra verbindet. Es stellt ein gesundes Gleichgewicht zwischen Fühlen und Denken her. Menschen mit einem gut entwickelten Halschakra können gut mit Worten umgehen und wissen, wie sie ihre Stimme einsetzen. Über ihre Stimme tauschen sie nicht nur Informationen aus, sondern bringen auch Gefühle zum Ausdruck. Des Weiteren haben sie einen Hang zur Musikalität.

So stärkst du das Kehlchakra:

Schreiben, regelmäßiges Singen und Musikhören bringen Energie in das Kehlchakra. Außerdem kannst du vor wichtigen Gesprächen hellblaue Kleidung tragen oder hellblaue Accessoires. Reifes Obst enthält viele Vitamine, Mineralstoffe und natürlichen Fruchtzucker. Es passiert von allen festen Nahrungsmitteln am schnellsten das Verdauungssystem und verursacht dem Körper wenig Arbeit, so dass viel Energie in die oberen Chakren aufsteigen kann. Eukalyptus, Kampfer, Pfefferminze, Minze, Manuka, Salbei und Sternanis unterstützen das Kehlchakra.

Deine Kehlchakra-Karte möchte dir Folgendes mitteilen:

1. Ich bin authentisch

Spielst du eine Rolle, oder bist du authentisch? Wenn du merkst, dass du eine Rolle spielst in der Gesellschaft, ist es wichtig, wieder zu dir selbst zurückzufinden. Werde dir zunächst bewusst, wann du dich verstellst, und warum du das tust. Spielst du eine bestimmte Rolle, um geliebt und anerkannt zu werden? Sobald du dieses Spiel durchschaut hast, hast du die Möglichkeit, in der Zukunft die Entscheidung zu treffen, dass du authentisch bist.

Lern dich zunächst selbst kennen und blicke hinter deine eigene Fassade. Finde deine wahren Bedürfnisse heraus, spür in dich hinein und nimm wahr. Du wirst erkennen, dass mit der Zeit die Stimme deines Herzens immer lauter wird und mit dir kommuniziert. So wird es dir auch leichterfallen, dieser zarten Stimme zu folgen und ihr zu vertrauen. Wenn du wieder ins Fühlen kommst, wirst du spüren, was sich für dich gut oder schlecht anfühlt. So kannst du dein wahres Selbst in die Welt tragen. Dein Selbstwertgefühl wird dadurch steigen. Du wirst unabhängiger von der Meinung anderer. Und du wirst erkennen, dass das Einzige, was wirklich zählt, deine Treue gegenüber dir selbst ist. Setz in deinem Umfeld Grenzen und teil mit, wenn dich etwas wütend oder traurig macht.

Beginn dein Leben nach deinen eigenen Werten auszurichten. Was richtig oder falsch für dich ist, wird sich immer mehr herauskristallisieren. Du wirst dich nur noch in Situationen begeben, die für dein Herz zu einhundert Prozent stimmig sind. Du darfst jetzt damit beginnen, dein authentisches Ich anzunehmen und zu leben.

Sag dir jeden Tag:

„Ich bin authentisch."

2. Ich bin ehrlich

Konsequente Ehrlichkeit ist die Voraussetzung für Nähe in zwischenmenschlichen Beziehungen. Natürlich kannst du einen Menschen verletzen, wenn du Unangenehmes ansprichst, aber eine Lüge oder das Nichtansprechen von Konfliktthemen wird immer den größeren Schaden anrichten. Mit Aufrichtigkeit und Ehrlichkeit wirst du Ablehnung und Zurückweisung riskieren – doch es ist die wesentliche Voraussetzung für authentische Beziehungen. Jedes Rollenspiel ohne Herz ist eine Form der Lüge an sich selbst und an andere. Alles, was du tun musst, um geliebt zu werden, um angenommen oder verstanden zu werden, ist nicht echt und damit eine Form der Lüge.

Du möchtest nicht wehtun? Das ist eine Rechtfertigung in Form einer Notlüge. Aber bist du wirklich in Not? Mit deiner Unehrlichkeit möchtest du harmonisieren, motivieren und manipulieren. Dein Körper wird jedoch etwas anderes ausstrahlen. Du wirst dich verkrampfen und eine unangenehme Schuld in dir selbst spüren. Lügen ist also keine Lösung, weil du dich durch Unaufrichtigkeit von dir selbst abtrennst. Diese Erkenntnis wird in dir selbst stattfinden. Erwarte Ehrlichkeit von anderen Menschen erst, wenn auch du zu einhundert Prozent ehrlich zu dir selbst und zu anderen bist.

Sag dir jeden Tag:

„Ich bin ehrlich."

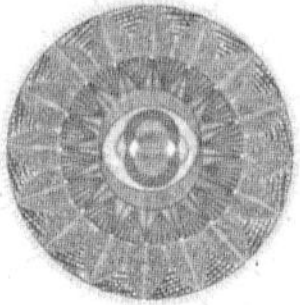

3. Ich bin ein guter Zuhörer

Kaum ein Mensch beherrscht die Kunst der guten Kommunikation. Alle haben es eilig oder sind mit sich selbst beschäftigt. Sie haben keine Zeit, zuzuhören. Wenn du aber Gespräche mit Sinn und Tiefgang wünschst, brauchst du ein Gegenüber, das dir zuhört und nicht an dir vorbeiredet. Heutzutage ist Kommunikation unvollständig und lässt viel freien Raum für Spekulationen oder falsche Schlussfolgerungen. Ärger und Missverständnisse sind damit programmiert. Bedenke, dass sich dir jemand mitteilen möchte, wenn er zu dir spricht. Hör aufmerksam zu und schau deinem Gegenüber in die Augen. So kannst du die Seele und das wahre Wesen deines Gegenübers spüren.

Viele Dinge, die du vielleicht persönlich nimmst, beziehen sich gar nicht auf dich.

Nimm daher das Gesagte an, ohne es zu bewerten. Bedenke, dass dein Gesprächspartner sich vielleicht sehr wünscht, sich alles von der Seele reden zu können, was bedrückt oder wehtut – diese Worte möchten mit jemandem geteilt werden. Wenn du richtig zuhörst, wirst du nur Kommentare oder Ratschläge ohne Wertung und mit viel Verständnis dazu äußern, und du wirst auch etwas von dir mitteilen, was dich tief berührt. Diese persönliche Kommunikation von Mensch zu Mensch bringt dir menschliche Nähe und Wärme. Es liegt an dir, ob du richtig zuhören möchtest.

Sag dir jeden Tag:

„Ich bin ein guter Zuhörer."

4. Ich bin vertrauenswürdig

Ein vertrauenswürdiger Mensch genießt das Vertrauen anderer. Selbst in einer beängstigenden Situation können wir uns auf vertrauenswürdige Menschen verlassen, weil sie Licht in die Dunkelheit bringen. Wenn du vertrauenswürdig bist, trägst du diese Eigenschaft nicht groß nach außen. Ehrlichkeit, Zuverlässigkeit und Sicherheit sind die Basis jedes vertrauenswürdigen Menschen.

Ist dein Wort etwas wert? Oder gehörst du zu den Menschen, die ein so starkes Bedürfnis haben, es allen recht zu machen, dass sie ihre innere Stimme ignorieren? Erinnere dich an eine Situation, in der du dich unwohl gefühlt hast, verraten und verkauft – nur weil du jemanden zufriedenstellen wolltest. Wenn es um Menschen geht, die dir wichtig sind, solltest du darüber nachdenken, wie verlässlich du ihnen gegenüber bist.

Ein häufiger Grund für Reue ist auch der Aspekt, dass du dein Wort gegeben hast und es nicht einhalten konntest. Wenn dir etwas wirklich wichtig ist, verpflichtest du dich dazu, so gut es geht. Gebrochene Versprechen schaden jeder Beziehung und Freundschaft. Vertrauen und Sicherheit sind die Basis. Doch niemand ist perfekt. Es wird immer Situationen geben, in denen Versprechen nicht eingehalten werden können, weil unerwartet Dinge passieren, die dann wichtiger sind. Achte darauf, dass du dich nicht für alles oder jeden verpflichtest. Das hilft dir, in Beziehungen einen kritischen Blick auf dein Verhalten zu werfen. Sobald du selbst erkennst, dass dein Wort etwas wert ist, sowohl für dich als auch für andere, wirst du den Stellenwert erhalten, den du verdienst.

Sag dir jeden Tag:

„Ich bin vertrauenswürdig."

5. Ich bin klar und offen

Offenheit und Ehrlichkeit haben eine Macht, die viele Menschen abschreckt. Die meisten Menschen möchten über eine unklare Sprache Aufmerksamkeit bekommen, oder sie sind sich nicht im Klaren darüber, was sie eigentlichen ausdrücken möchten. Wenn du ehrlich bleibst und mit offenen Karten spielst, bedeutet das nicht, dass du auf einmal all deine Geheimnisse offenbaren sollst. Es ist aber wichtig, deinem Gesprächspartner gegenüber klar zu sein. Bewahr einen kühlen Kopf dabei – auch wenn das Thema emotional aufreibend ist.

Lass auch deinen Körper sprechen: Lächle freundlich, um deinem Gegenüber zu zeigen, dass du friedliche Absichten hast. Rede bestimmt, sanft und klar. Nutze deine Stimme!

Der Ton macht die Musik. Hör aktiv zu und geh auf dein Gegenüber ein, damit deine klaren Worte weder verletzen noch vor den Kopf stoßen. Komm auf den Punkt und bleib bei dir. Bleib in deiner Mitte. Das Wichtigste dabei ist, dass du zu dir und deinen Werten stehst.

Sag dir jeden Tag:

„Ich bin klar und offen."

6. Ich bin mit der geistigen Welt verbunden

Alle Menschen sind medial und stehen in Verbindung mit der geistigen Welt. Doch viele fühlen sich abgetrennt oder haben ihre Empfänglichkeit verdrängt. Auf der irdischen Ebene vergisst man manchmal, dass man auch eine Seele hat. Diese Menschen fühlen sich als Kämpfer oder Opfer. Der Blickwinkel ist ständig im Außen. Die Stimmung schwankt, sie sind gereizt, depressiv oder haben Albträume.

Zum Glück gibt es einen Weg aus diesem Dilemma. Wir alle haben einen Seelenplan. Die Seele möchte eine höhere Ebene des Seins erreichen. Diese Ebene erreichst du, wenn du dein Bewusstsein entdeckst und lernst, deine Gedankenkraft bewusst zu steuern. Deine Seele kennt deine geistige Heimat. Deine Verbindung zum Göttlichen ist absolut wichtig.

Über den Schlaf und deine Träume stärkst du diese Verbindung. In dem Moment, in dem du einschläfst, geht ein Teil der Seele aus dem Körper und nimmt Kontakt mit der geistigen Heimat auf. Für deine seelische Balance ist daher Schlaf elementar wichtig.

Alle Menschen haben das gleiche Ziel: Sie suchen persönliche Erfüllung über den Weg des Herzens und wünschen sich eine Gesellschaft, die von Herzlichkeit, Menschlichkeit, Achtung und gegenseitigem Respekt geprägt ist. Der Weg dorthin beginnt bei dir selbst. Erkenne deinen blinden Fleck und arbeite an dieser Blockade. Folge der leisen Stimme deines Herzens und beobachte die laute Stimme deines Verstandes, ohne zu bewerten. Achte auf deine Träume.

Sag dir jeden Tag:

„Ich bin mit der geistigen Welt verbunden."

7. Ich bin zuverlässig, motiviert und fokussiert

Kennst du das Gesetz der Anziehung? Du ziehst das an, wo du deine Aufmerksamkeit hinlenkst. Unbewusst meldet sich dein Ego in Form von Zweifeln, Vernunft und Glaubenssätzen, die nicht mehr stimmig sind. Dadurch kommen Ängste hoch, die dich blockieren. Sich auf das Schöne im Leben zu fokussieren ist daher ein wichtiger Aspekt. Worauf achtest du besonders in deinem Alltag? Denkst du positiv oder negativ? Bist du ein Optimist? Wähle Liebe und Frieden anstelle von Angst und Gewohnheit. Wenn du Liebe in den Fokus stellst, wirst du Liebe erhalten. Visualisiere möglichst oft, dass du Liebe, Glück, Fülle und Frieden in jeder Lebenssituation hast. Stell dir das Endergebnis vor, als wäre es schon längst in deinem Leben.

Wenn du gar nicht weißt, was du dir wünschst, dann finde es zunächst heraus. Lerne, dich wieder zu spüren und auszudrücken, was du wirklich möchtest. Halt dich dabei fern von Angeboten, die dich ablenken, wie Fernsehen, Internet oder andere Aktivitäten. Werde innerlich still, widme dich deinen inneren Wünschen und meditiere. Wichtig ist, dass du deine Wünsche auch innerlich empfindest, und nicht nur Gesagtes nachredest. So kann es sein, dass der Satz „Ich bin glücklich“ zwar ausgesprochen wird, aber es dennoch nicht so empfunden wird.

Glück bedeutet für jeden Menschen etwas anderes, daher ist es so wichtig, genau zu klären, was Glück für dich bedeutet. Schreib deine eigenen und ganz persönlichen Wünsche auf einen Zettel und spür in dich hinein. So ist es dir möglich, deinen Kreislauf aus negativen Gedanken und Grundeinstellungen zu durchbrechen. Folge deiner Intuition und deinen Eingebungen. Wahre Veränderungen entstehen durch eine Veränderung der inneren Haltung und der Gedanken.

Sag dir jeden Tag:

„Ich bin zuverlässig, motiviert und fokussiert."

Stirnchakra

(Ajna-Chakra)

Menschen mit einem frei fließenden Stirnchakra kommen zur Selbsterkenntnis. Sie verfügen über eine gute Intuition und über die Kenntnis höherer Wirklichkeiten über das Alltagsbewusstsein hinaus. Das Stirnchakra, auch Drittes Auge genannt, versorgt das zentrale Nervensystem mit Energie. Intuitiv sein, Visualisieren und Erkennen sind die wichtigsten Eigenschaften dieses Energiezentrums.

Das Dritte Auge ist der Sitz des Geistes und des Verstands. Diesem Chakra werden Visualisierungskraft zugeschrieben sowie außersinnliche Wahrnehmung, Intuition, Einsicht, Entwicklung der inneren Sinne und die Geisteskraft. Der Mensch wird sich der Kraft seiner eigenen Gedanken bewusst. Wenn das Dritte Auge blockiert ist, machen sich oft Sorgen, Ängste, Alpträume oder Stress breit – man ist nicht mehr in der Lage, für die Zukunft zu planen. Durch Meditation auf dieses Energiezentrum kann das Denken von der Dualität befreit werden – man fühlt sich innerlich erfüllt und nicht mehr abgetrennt von der universellen Energie. Ein gutes Gedächtnis, viel Fantasie, geistige Klarheit und intuitives Wissen sind die natürliche Entwicklung des so genannten sechsten Sinns. Das Dritte Auge stellt die Verbindung zur geistigen Welt her. Übersinnliche Wahrnehmungen wie Hellsehen und Gedankenlesen geschehen nur über das Dritte Auge. Probleme können über die Verbindung zum höheren Selbst aus einem anderen Blickwinkel betrachtet werden, und man kann sich schneller davon befreien.

In der Phase des abnehmenden Mondes schwingt die Energie des Stirnchakras am stärksten.

Das Stirn-Chakra versorgt Augen, Nase und Ohren sowie das Kleinhirn mit Energie. Körperliche Symptome können Kopfschmerzen oder Ohrensausen sein.

So stärkst du dein Stirnchakra:

Schreib deine Träume auf – sie können dir wichtige Helfer bei Problemlösungen im Alltag sein. Lies zur Abwechslung auch Märchen und Fabeln. Trag violett, um dein Chakra zu stärken. Durch ein paar Fastentage im Jahr wird der Geist geklärt. Düfte von Minze, Zitronengras, Jasmin, Veilchen, Weihrauch, Basilikum und Fichte unterstützen das Stirnchakra.

Deine Stirnchakra-Karte möchte dir Folgendes mitteilen:

1. Ich bin optimistisch

Unsere moderne Gesellschaft ist darauf ausgerichtet, Probleme in der äußeren Welt zu lösen. Die Ursache aller Probleme steckt jedoch im Bewusstsein. So kann eine kleine Veränderung des Bewusstseins die Lösung eines Problems darstellen. Wenn die Seele glücklich ist, wird auch das Handeln mühelos. Alles, was du tust, erfüllt dich mit Freude, und deine Handlungen sind zielführend. Entscheidend dabei ist die Sicht, die du von dir selbst hast.

Du kannst lernen, optimistisch zu denken. Mach dir zunächst bewusst, worum es in deinem Leben wirklich geht: ein Stück vom großen Glück, persönliche Freiheit. Ein Optimist findet sogar im Unglück noch etwas Gutes. Sollte ein Optimist seinen Job verlieren, so ist er sich sicher, dass ihm eine wichtige

Entscheidung abgenommen wurde und ein viel besserer Job auf ihn wartet. Ein Optimist weiß, dass sich neue Möglichkeiten ergeben werden. Optimisten führen meist ein gesünderes Leben als Pessimisten.

Wenn du es also schaffst, dich daran zu erinnern, positiver zu denken, wird sich deine gesamte Perspektive im positiven Sinne drastisch auf dein Leben auswirken. Denk stets an das Licht am Ende des Tunnels, und du fühlst dich insgesamt glücklicher und emotional stabiler und kannst mit Veränderungen besser umgehen. Sollte dir das Leben Steine in den Weg legen, dann nimm diese Steine und bau dir ein Schloss daraus.

Sag dir jeden Tag:

„Ich bin optimistisch."

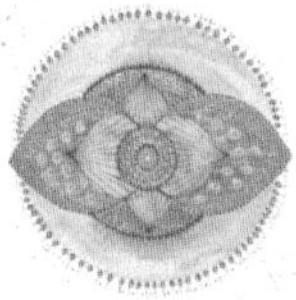

2. Ich bin im Austausch mit meiner Seele

Deine Seele lässt sich ständig auf neue Erfahrungen ein. Dadurch darfst du innerlich wachsen und lernen. Wenn du in Kontakt mit deiner Seele stehst, spürst du die Sehnsucht nach Nähe zu dir selbst, fühlst dich geliebt und geborgen. Deine Seele teilt dir mit, wenn du deinen Alltag langsamer gestalten sollst, sie rät dir, den Weg des Herzens zu gehen, und sie hat all die Erfahrungen und Erinnerungen aus vergangenen Leben gespeichert, die in deinem Unterbewusstsein schlummern. So wird deine Seele immer die Veränderung begrüßen, weil sie in diesem Leben weitere Erfahrungen sammeln möchte.

Wenn du in Kontakt mit ihr bist, fühlst du dich zu Hause angekommen. Nur so wächst du in dein wahres Selbst hinein. Sei gut zu dir, und verbinde dich jeden Tag mit deiner Seele, aber auch mit der Erde. Erdenergie wird dir Kraft geben für die Aufgaben, die du hier zu bewältigen hast.

Wenn du wirklich in Kontakt mit deiner Seele kommen möchtest, ist es wichtig, dich von der Außenwelt zurückzuziehen. Meditiere und werde still. Achte dabei auf Bilder, die in deinen Kopf kommen, und auf Empfindungen. Wenn deine Seele mit dir kommuniziert, sind diese Signale sehr fein und zart. Je öfter du übst, desto stärker werden deine Antennen für diese Signale. Auch Impulse im Alltag können Kontaktaufnahmen der Seele sein. Wenn du etwas unbedingt tun möchtest oder dich dein ganzer Körper dazu drängt, eine Entscheidung zu treffen, kommt dieser Impuls aus deiner Seele.

Sag dir jeden Tag:

„Ich bin im Austausch mit meiner Seele."

3. Ich bin präsent im Hier und Jetzt

Das Geheimnis glücklicher Menschen ist ihre Präsenz im Hier und Jetzt. Denkst du oft an schöne Zeiten aus der Vergangenheit, oder träumst du von einer besseren Zukunft? Vergangenheit und Zukunft sind eine Illusion: Während das eine bereits vergangen ist, kommt das andere erst noch. Beides lenkt dich von dem ab, was wichtig ist: dieser Moment, jetzt! Deine Probleme in der Gegenwart lösen sich nicht, wenn du dich dorthin träumst, wo alles besser war oder besser sein wird. Vielleicht geht es dir dann kurzzeitig besser, aber wenn die Blase platzt, bist du wieder hart im Alltag gelandet. Deine Probleme werden die gleichen sein wie zuvor.

Komm achtsam zurück in den derzeitigen Moment. Geh deine Aufgaben im Hier und

Jetzt an und finde Lösungen für deine Probleme. Natürlich darfst du Ziele haben, die in der Zukunft liegen. Aber der Zeitpunkt, an dem du etwas verändern kannst, ist jetzt. Akzeptier zunächst, dass dich Wegträumen nicht weiterbringt, und akzeptier dann deine Situation vollkommen. Richte deinen Fokus auf alles, was gerade positiv in deinem Leben ist. Wenn du das nicht kannst, verändere deine Situation. Übernimm Verantwortung für dein Leben und verlasse ungute Situationen. Sei wachsam – in diesem Moment, und genieß es.

Sag dir jeden Tag:

„Ich bin präsent im Hier und Jetzt."

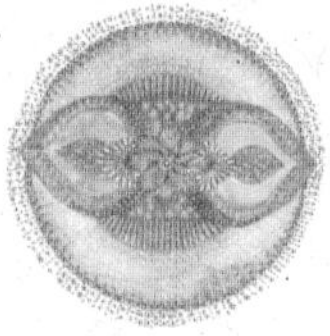

4. Ich bin mir meiner Gedankenkraft bewusst

Pro Tag denken wir bis zu 80.000 Gedanken. Das Gehirn ist unser größter Energieräuber. Alles hängt von deinen Gedanken ab. Sie sind der Grundstein für deine Persönlichkeitsentwicklung, für Achtsamkeit mit dir selbst und anderen, für deine Denkmuster und dein Verhalten. Gedanken haben eine Schwingungsfrequenz, die sich je nach Art der Gedanken ändert. Positive Gedanken haben eine andere Frequenz als negative. Jeder Gedanke löst eine chemische Reaktion im Körper aus. Aus Gedanken werden Gefühle, die bis in der kleinsten Zelle ankommen. Dein innerer Dialog kostet viel Kraft und kann dich regelrecht krank machen. Aus diesem Kreislauf kannst du ganz bewusst ausbrechen.

Glaub an dich und sieh die Welt mit den Augen eines Optimisten. Beginn jeden Tag nach dem Aufwachen mit positiven Gedanken. Dadurch wirst du dein Gehirn regelrecht umprogrammieren. Wenn du gedanklich an deine Grenze stößt, dann halt kurz inne und frag dich, ob das wirklich die Gedanken deiner Seele sind, oder die deines Egos. Sind diese Gedanken deine Wahrheit?

Jedes Gefühl, dass du in dir wahrnimmst, ist das Resultat eines Gedankens – ob unbewusst oder bewusst. Deswegen ist es so wichtig, nachzuhaken, woher dieses Gefühl kommt. Wiederholungen von Gedanken sorgen dafür, dass neue neuronale Verbindungen entstehen – so werden Gedanken zur Routine.

Denk stets daran, dass aus deinen Gedanken Worte werden, und aus den Worten Handlungen. Aus deinen Handlungen werden Gewohnheiten, und diese formen deinen Charakter. Reinige jeden Tag deine Gedanken durch Meditation, damit du sie in eine gute Richtung lenkst. Bereits fünf Minuten können sehr kraftvoll sein. Dein innerer Dialog darf liebevoll, mitfühlend und rücksichtsvoll sein.

Sag dir jeden Tag:

„Ich bin mir meiner Gedankenkraft bewusst."

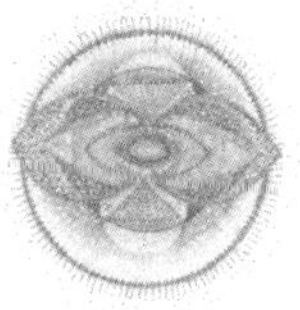

5. Ich bin fantasievoll

Fantasie ist die menschliche Fähigkeit, mit Sprache und Gedanken Bilder und Szenen über die Vorstellungskraft zum Leben zu erwecken. Je konkreter diese Bilder sind, desto realer werden sie in deinem Leben. Visionäre haben alle sehr viel Fantasie. Manchmal werden jedoch ihre Visionen erst nach ihrem Ableben realisiert, wie es schon bei vielen Künstlern der Fall war. Mit Fantasie verarbeitest du deine Wahrnehmung und die Möglichkeiten im Leben. Du kannst unschöne Begebenheiten ausgleichen oder ein angeschlagenes Selbstwertgefühl ausbessern. Fantasie steigert deine Kreativität und beflügelt dich. Dadurch wird sich auch dein Einfühlungsvermögen steigern. Denn wer Fantasie hat, kann leichter die Perspektive wechseln und sich besser in andere hineinversetzen.

In Stresssituationen kannst du deine kreisenden Gedanken abschalten und an Beruhigendes denken. Deine Fantasie-Pause wird dein gesamtes Nervensystem in Balance bringen. Dein Gehirn wird durch kreative Denkanstöße darauf ausgerichtet, Dinge besser abzuspeichern. Neue Verknüpfungen sorgen für bessere Lernfähigkeit. Deine Weisheit hängt von deiner Fantasie ab!

Sag dir jeden Tag:

„Ich bin fantasievoll."

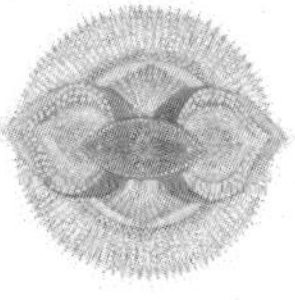

6. Ich bin telepathisch verbunden

Es ist faszinierend, dass Gefühle, Stimmungen oder Worte von einem Lebewesen auf das andere übertragen werden können – unabhängig von den Sinnesorganen. Dafür wird es wohl nie eine wissenschaftliche Erklärung geben. Dennoch ist sicher: Telepathie ist kein Zufall. Dein Geist, deine Seele und dein Körper sind ausgelastet, wenn deine Informationen übermittelt werden oder du welche von anderen empfängst. Telepathie kennt keine Zeit und keinen Raum. Das bedeutet, dass du unabhängig von der Entfernung und zu jeder Tageszeit telepathisch Kontakt aufnehmen kannst. Häufig hast du auch den gleichen Gedanken mit Freunden oder Familienmitgliedern. Ist es Zufall, dass ihr euch zur gleichen Zeit eine Nachricht schreibt oder anruft?

Glaub fest daran, dass es funktioniert, und umgib dich bewusst mit Stille, damit deine Gedanken und Gefühle fokussiert sind. Durch Meditation und Yoga kannst du Telepathie trainieren. Auch Autosuggestion, Visualisierung und Imagination helfen.

Sag dir jeden Tag:

„Ich bin telepathisch verbunden."

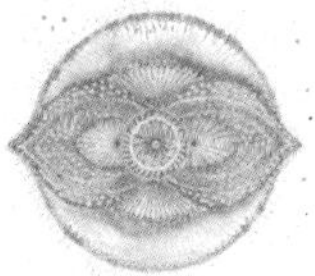

7. Ich verstehe die Botschaften meiner Träume

Ein Viertel deines Lebens verbringst du in der Traumwelt. Du wirst dich wahrscheinlich oft nicht daran erinnern, welche Abenteuer du erlebt hast; und wenn du dich erinnerst, sind sie dir vielleicht ein Rätsel. Ein Traumtagebuch kann dir helfen, deine Träume besser zu deuten und dich daran zu erinnern. Profitiere von der Weisheit dieser nächtlichen Ausflüge. Dein Gehirn ist im Traumzustand zum Teil aktiver als im Wachzustand – doch der Teil des Gehirns, der für Planung, Verstand und Moral zuständig ist, wird dabei gehemmt. Du bist befreit von Zwängen, gesellschaftlichen Konventionen und Verboten. Du kannst dich völlig neu erfinden. Im Traumzustand sind deine Emotionen noch intensiver. Dein Gehirn sichtet und sortiert Erinnerungen. Danach werden sie neu sortiert, alte und neue Erfahrungen werden miteinander verknüpft. Dadurch kann man lernen und zu neuen Einsichten kommen.

Träume sind so etwas wie die Überlebenssoftware unserer Installationsprogramme im Gehirn. Das Gelernte wird in das genetische Programm eingespeichert, um für die Zukunft gewappnet zu sein. So wird der Umgang mit negativen Emotionen, Gefahren und sozialen Begegnungen erlernt. Träume helfen dir, mit deinen alltäglichen Sorgen fertigzuwerden, unterstützen dich nach schweren Krisen und bringen dein Leben wieder in die richtige Bahn. Wenn du lernst, deine eigene Traumsymbolik zu deuten, erfährst du, was dich unterbewusst wirklich beschäftigt. Ein Traum kann auch eine große Inspirationsquelle sein, um auf ungewöhnliche Lösungen für deinen Beruf oder dein Familienleben zu kommen.

Sag dir jeden Tag:

„Ich verstehe die Botschaften meiner Träume."

Kronenchakra

(Sahasrara-Chakra)

Das Kronenchakra ist das Tor zum Universum und das Chakra des höchsten Wissens: Gottvertrauen, Spiritualität, Freiheit, Vollendung und – nicht zu vergessen – die Demut vor dem universellen Größeren. Das weiße Energiezentrum symbolisiert den Tausendblättrigen Lotus. Die Zahl 1000 steht für Vollendung und Vollkommenheit. Es geht spirituell um das Aufsteigen von der Dunkelheit zum Licht – das Licht der Seele kommt zum Strahlen. Das Kronenchakra ist somit das Bewusstseinszentrum der Spiritualität. Menschen mit einem frei fließenden Kronenchakra haben spirituelles Verständnis, empfinden inneren Frieden und können Selbstverwirklichung leben, wenn auch alle anderen Chakren voll entwickelt und frei von Störungen sind.

Dieses Energiezentrum lässt sich nicht erwecken, solange nicht alle anderen Chakren eine stabile Basis dafür bilden. Wenn es so weit ist, entwickeln sich Selbstverwirklichung und spirituelles Verständnis wie von selbst. Dieses Gefühl ist geprägt von einem tiefen inneren Frieden – im Einklang mit sich und der Welt. Innerhalb des Erwachens des höchsten Bewusstseins ist das Kronenchakra die letzte Stufe der inneren Leiter. Dieses Erwachen ist fast immer mit sehr angenehmen Bewusstseinszuständen verbunden – ein Zustand der absoluten Glückseligkeit.

Das Mantra des Kronenchakras ist OM. In der Neumondphase ist dieses Chakra am aktivsten. Es überschreitet die menschlichen Grenzen und geht direkt in die Aura über.

Bis auf die Zirbeldrüse ist es keinem einzelnen Organ zugeordnet, sondern es hat eine schützende Wirkung auf den gesamten Körper. Das Kronenchakra hat großen Einfluss auf den Schlaf-Wach-Rhythmus.

Bei einem blockierten Kronenchakra bleibt der Mensch in der materiellen Welt verhaftet, es stellt sich Unzufriedenheit ein, und es kann zu geistiger Erschöpfung kommen.

So kannst du dein Kronenchakra stärken:

Such dir in der Natur weite Ausblicke, zum Beispiel bei Bergbesteigungen oder am Meer. Verneige dich vor dir selbst und anderen Lebewesen. Durch Fasten sowie durch die Düfte von Weihrauch und Rosenholz nährst du energetisch dein siebtes Chakra.

Deine Kronenchakra-Karte möchte dir Folgendes mitteilen:

1. Ich bin ein Teil des Ganzen

Fühlst du dich manchmal von deinen Mitmenschen oder der Natur abgetrennt? Die Welt, in der wir leben, ist wie eine Bühne, auf der sich das Leben spiegelt, das in dir selbst stattfindet. Jedes Drama bewirkt, dass dein Herzweg blockiert wird, weil du im Verstand festhängst, und damit wird die Trennung der Welt aufrechterhalten. Du fühlst dich einsam, obwohl viele liebe Menschen um dich herum sind? Seit Tausenden von Jahren werden Dramen inszeniert. Es geht um Macht und Machterhalt, wenn der Fokus von Nachrichten auf Angst und Sorge gerichtet ist. Steig aus diesem Drama aus und erkenne an, dass du ein Teil der Dualität bist.

Wenn du ein Lichtkrieger bist, wird es dunkle Mächte geben, die gegen dich kämpfen.

Während du eine Seite stärkst, wird auch die andere Seite gestärkt – nur so hat Dualität Bestand. Wenn du aber annimmst, was ist, wirst du jegliche Trennung aufheben. Lass Liebe fließen. Im Fluss der Liebe gibt es kein Licht oder Dunkel mehr, kein Gut oder Böse. In der bedingungslosen Liebe ist Trennung eine Illusion, weil alles mit allem verbunden ist. Um dich mit dieser Wahrheit zu verbinden, wirst du dich von allen Illusionen lösen. Erkenne, nimm an und lass los. Dein ganzes Resonanzfeld wird sich dadurch verändern und sich mit Liebe füllen. Du wirst erkennen, dass du der Tropfen bist, der zum Ozean gehört.

Sag dir jeden Tag:

„Ich bin ein Teil des Ganzen."

2. Ich bin spirituell

Viele Menschen weisen Spiritualität von sich, weil sie ihnen Angst macht. Wenn du dich mit Spiritualität auseinandersetzt, wirst du dich fragen, wer du bist, woher du kommst und wozu du hier bist. Du möchtest über dich selbst hinauswachsen und dein volles Potenzial leben. Die Auseinandersetzung mit Spiritualität hilft dir dabei, dein Leben und deine Aufgaben besser zu verstehen. Du wirst deine Ziele erreichen und wichtige Antworten auf Lebensfragen in dir selbst finden. Die Geheimnisse des Lebens werden dich faszinieren. Deine Erinnerung an dein wahres Zuhause ist magisch. Du wirst nichts mehr im Außen suchen. Alles, was du brauchst, ist der Zugang zu deinem Geist – zu einer tieferen Dimension.

Schon Carl Gustav Jung sagte: „Wer außerhalb schaut, träumt. Wer im Inneren schaut, erwacht." Wenn du also deine Dinge im Inneren regelst, wird sich auch das Äußere fügen. Du wirst nicht glücklich sein, weil du alles hast – du hast alles in deinem Leben, weil du glücklich bist! Schöpfe aus dem unendlichen Reichtum deiner grenzenlosen Weisheit. Lass jeden einzelnen Moment deines Lebens zu einer Meditation werden.

Sag dir jeden Tag:

„Ich bin spirituell."

3. Ich bin dankbar

Glückliche Menschen sind dankbare Menschen. Oft nehmen wir die positiven Dinge in unserem Leben gar nicht mehr wahr, oder wir nehmen sie für selbstverständlich. Dabei übersehen wir, was wirklich wichtig und schön ist in unserem Leben. Wenn du dir immer wieder vor Augen führst, wofür du in deinem Leben dankbar sein kannst, wirst du automatisch den Weg ins Glück finden. Wenn dir auf Anhieb nichts dazu einfällt, dann führ zunächst abends ein Dankbarkeitstagebuch. Du wirst dadurch deine Aufmerksamkeit auf die wirklich wichtigen und schönen Dinge im Leben lenken. Deine Achtsamkeit wird steigen. Wenn du dich gerade in einer Lebenskrise befindest, wird dir das vielleicht schwerfallen. Oft fallen einem nur die negativen Dinge ins Auge. Doch die schönen Dinge des Lebens sind trotzdem gegenwärtig.

Jeder Moment, den du mit einem geliebten Menschen verbringst, ist kostbar. Liebe Freunde, die dir zur Seite stehen, sind ein Segen. Such ganz gezielt nach kleinen Lichtblicken und lerne sie zu schätzen. Es ist also deine Entscheidung, worauf du dich konzentrieren möchtest. Und wenn du es schaffst, deine Aufmerksamkeit auf das Positive zu richten, dann wird dir das Gesetz der Resonanz weitere schöne Dinge in deinem Leben präsentieren. Deswegen stell dir jeden Tag von Neuem die Frage: Was habe ich heute Schönes erlebt? Was würde mir fehlen, wenn ich es nicht hätte? Was hat mich heute zum Lächeln gebracht? Schreib diese Dinge auf.

Sag dir jeden Tag:

„Ich bin dankbar."

4. Ich bin gesund

Du fühlst dich energielos, verspannt und krank? Schreib einfach mal auf, was dir dazu in den Sinn kommt, und dann fragst du dich, ob es wahr ist. Du kannst dein Unterbewusstsein auf Gesundheit programmieren mit positiven Glaubenssätzen. „Ich habe eine strahlend schöne Haut“ oder „Ich bin schlank und sportlich“ sind nur einige von vielen Beispielen. Schreib dir bewusst deine Ziele auf und formuliere sie mit „Ich bin ...“. Spür in diese Sätze hinein und lass dich davon begeistern. Visualisiere, wie dein Leben aussehen würde, wenn du zum Beispiel nicht ständig Migräne hättest. Schau dir im Detail an, was du tun oder lassen würdest, was du erleben möchtest, und welche ganz neuen Möglichkeiten das für dich bereithält.

Gesundheit darf für dich selbstverständlich sein. Du bist voller Energie, Freude und Lebenskraft in allem, was du tust, wenn du diese Einstellung verfolgst. Jeder Mensch hat eine natürliche, strahlende Heilkraft, die ständig in einem arbeitet, ohne dass man daran denken muss. Wenn dir das bewusst wird, wird deine Lust aufs Leben täglich stärker, und du fühlst dich lebendig durch deine Freude am Leben. Vertrau dir selbst.

Sag dir jeden Tag:

„Ich bin gesund."

5. Ich bin glücklich

Dinge, die wirklich glücklich machen, kannst du dir für kein Geld der Welt kaufen: Liebe, Freundschaften, Familie und Gesundheit. Wenn dir das bewusst wird, wirst du sprachlos vor Glück – besonders in Momenten, in denen es dir gerade nicht so gut geht. Nimm dir Zeit für deine besten Freundschaften und für die liebsten Menschen in deinem Leben.

Falls du dich gerade ganz allein fühlst, dann geh in dich und frag dich, was du in deinem Leben wirklich brauchst. Was würdest du gern verändern, und was möchtest du nicht mehr in deinem Leben haben? Es tut gut, nicht nur Gedanken, sondern auch Materielles auszumisten, weil es dich leichter macht und Platz für Neues schafft. Genauso verhält es sich mit Menschen. Gibt es immer noch Menschen in deinem Umfeld, die dich mehr herunterziehen, als dass sie dir Kraft spenden? Manchmal ist es besser, sich von diesen Personen zu trennen – auch wenn es anfangs wehtut.

Wann hast du das letzte Mal jemandem eine Freude bereitet? Schenk zum Beispiel einem Menschen auf der Straße ein nettes Lächeln, und du wirst sehen, wie glücklich es auch dich selbst macht. Sei dankbar für alles, was in deinem Leben bereits ist, und für das, was noch auf dich zukommen wird.

Sag dir jeden Tag:

„Ich bin glücklich."

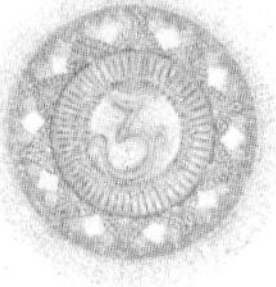

6. Ich bin bereit, zu geben und zu empfangen

Dein Atem ist Leben. Einatmen und Ausatmen in einer harmonischen Abfolge ist ein wichtiger Faktor, wenn es um das „Erleben“ von Geben und Empfangen geht. Wenn du zu schnell zu viel Luft einatmest, dann hyperventilierst du. Atmest du zu wenig ein, bekommt dein Körper zu wenig Sauerstoff. Genauso ist es mit deinem Verhalten. Du bist ständig für Freunde und Familie da, hast ein nettes Wort und schenkst ihnen Lebensfreude, aber du wirst von ihnen nur mit Problemen überhäuft? Wenn du immer mehr gibst, als du empfängst, wird dir dieses Verhaltensmuster auf Dauer nicht guttun. Du wirst dich müde und ausgelaugt fühlen.

Um diesem Kreislauf zu entfliehen, ist es wichtig, eigene Grenzen zu setzen und deine

Qualitäten zu erkennen. So wird es dir auch leichterfallen, Geschenke von anderen anzunehmen. Denn oft fühlen sich diejenigen unwohl, die immer nur etwas von sich geben, sobald sie einmal selbst beschenkt werden. Versuch, Geben und Empfangen in Balance zu bringen. Wenn du zu viel gibst, dann konzentrier dich in nächster Zeit auf jede Aufmerksamkeit deiner Mitmenschen.

Sag dir jeden Tag:

„Ich bin bereit, zu geben und zu empfangen."

7. Ich bin mir des Sinns meines Lebens bewusst

Der Sinn des Lebens ist mit einem Wort zu beantworten: Bewusstwerdung. Erst wenn du dir deiner selbst bewusst bist, wird deine Berufung klar, und du siehst das Leben aus ganz anderen Augen. Dein Verstand möchte dein Leben durch Logik leiten. Mit ihm kannst du deine Ziele erreichen und Urteile bilden. Der Verstand wird aber auch sehr stark von deinem Unterbewusstsein, deinen Gefühlen und der Intuition beeinflusst. Dein Unterbewusstsein – die Summe all deiner Erfahrungen – schickt dir gespeicherte Erinnerungen ins Bewusstsein. Deine Gefühle, die damit verbunden sind, beeinflussen das Denken, und umgekehrt. Alles hängt zusammen. Die Intuition hilft dem Verstand, klar zu sehen. Sie ist die Wahrheit zwischen den Gefühlen und den Erfahrungen, die im Leben gesammelt wurden. Sie ist immer unbeeinflusst. Intuition ist dein Bewusstsein.

Stell dir also vor, dass dein Verstand in einer bestimmten Situation Nein sagt, deine Gefühle dir Angst bereiten, aber eine innere Stimme dir sagt, dass du es doch tun musst. Das ist Intuition. Wenn du dir dessen bewusst bist und intuitiv im Leben handelst, wirst du dem Sinn deines Lebens sehr schnell auf die Spur kommen. Und wenn du bewusst wahrnimmst, bist du in der Gegenwart angekommen. Genau das erfüllt dich und macht dich glücklich.

Sag dir jeden Tag:

„Ich bin mir des Sinns meines Lebens bewusst."

Zum Schluss eine Bitte

Jetzt, wo du mit den Karten gearbeitet hast, tust du mir und anderen einen Gefallen, wenn du uns an deinen Erfahrungen damit teilhaben lässt. Eine Rezension in einem Online-Shop und dein Feedback helfen anderen zu verstehen, was aus deiner Sicht gut und was weniger gut ist. Nur so kann ich mich als Autorin weiterentwickeln und dir in Zukunft noch schönere Weisheitskarten präsentieren. Außerdem sind deine Erfahrungen und Erkenntnisse als ehrliches Feedback eine enorme Wertschätzung vieler Stunden kreativer Arbeit, die in dieses Buch und die Karten geflossen sind. Dafür sage ich Danke im Voraus, wenn du dir zwei Minuten Zeit nimmst und zum Beispiel eine kleine Bewertung auf www.windpferd.de oder auf der Website deiner Lieblingsbuchhandlung veröffentlichst.

Deine Sandra Cammann

Über die Autorin

© S. Cammann

Sandra Cammann, geb. 1975 in Lüneburg, schrieb schon in der Grundschule fantastische Geschichten. Zum Journalismus fand sie allerdings erst nach ihrem Sportwissenschaftsstudium im Jahre 2005. Seitdem schreibt sie Bücher und Fachartikel für Frauen- und Sportmagazine. Außerdem ist sie als Coach und Trainerin jeden Tag auf der Yogamatte. In ihrem ersten Yogaroman „Herzen fühlen – Kamasutra für Einsteiger" erzählt Sandra die Geschichte von Karla und Nick sowie den schmerzhaften Seelenpartner-Prozess, der Karla in die Unabhängigkeit führte. Passend dazu entwickelte sie 2018 zusammen mit ihrer Mutter die „Herzen fühlen"-Weisheitskarten.

Die Chakra-Weisheitskarten hat Sandra für ihre Reiki-Seminare entwickelt, in denen sie unter anderem mit Affirmationen an den persönlichen Lebensthemen ihrer Schülerinnen und Schüler arbeitet.

Weitere Infos:

www.sandracammann.de

www.herzenfühlen.de

www.authentisches-reiki.com

www.blutgruppencode.de